**Following
God**

함춘환
지음

따라가기

텍스트
CUBE

차례

프롤로그

: 어떤 여행을 준비하며

인생을 살면서 누구나 커다란 전환점을 맞는다. 난 선교사나 목
사가 되리라고는 한 번도 생각해 본 적이 없다. 교회를 싫어하고 주
님을 영접하길 거부했던 나는 선교사와 목사가 되었고 주님께서 사
랑하는 영혼을 섬긴다. 지금이 내 인생 가운데 가장 행복하고 감사
한 시간인 것 같다. 부끄럽지만 환갑을 맞이하면서 나를 인도해 주
신 주님, 내가 따라올 때까지 기다려 주시고 채찍질해 주시고 안아
주신 주님에 대해 함께 나누고자 한다.

그동안 나에게 보여주신 주님의 이야기와 주님께서 우리를 통해

어떻게 일하기 원하는지에 대해 이야기하고 싶다. 하나님께서 그의 백성들을 얼마나 사랑하시며 그들을 어떻게 이끄시는지를 편하게 보여주고 싶다.

내가 지금 이 자리에 있기까지 사랑으로 섬겨주신 모든 분께 진심으로 깊은 감사를 드린다. 특히 천국에서 외손자를 지켜보며 내가 주님께 돌아오도록 밤낮으로 기도해 주신 외할머니, 사랑으로 아들을 기다려주시고 신앙의 본을 보여 주신 어머니, 부족한 사위를 위해 매일 기도해 주시는 장모님께 감사드린다.

장남의 부담을 벗고 선교 사역에만 열중할 수 있도록 후원해 주고 우리 아이들을 대학 교육까지 시켜준 사랑하는 동생 재연과 춘욱, 아빠와 엄마가 선교사인 것을 너무나도 자랑스럽게 여기며 매달 생활비로 후원해 주는 딸 지선과 사위 윤섭, 아들 지홍과 며느리 민주에게 진심으로 감사의 마음을 전한다. 하나님께서 허락해 주신 귀한 손주 온유, 도이, 하엘, 로이에게 부끄럽지 않은 할아버지가 되고자 한다.

또한 신앙 멘토인 PGM 선교회 국제 대표 필라안디옥교회 호성기 목사님, 우리 부부를 위해 기도해 주시는 자카르타 참빛교회의 박윤길 목사님, 결정적인 인생의 전환점을 만들게 해 주신 자카르타 참빛교회의 조성태 장로님과 김경선 권사님, 숨바섬 의료 선교로 12년 동안 동참해 주시면서 숨바섬 사역 부흥의 밑받침이 되어 주시는 오륜교회 신현수 장로님과 김지은 권사님 그리고 지난 13년간 언제나 겸손하게 숨바섬 사역을 함께 해주신 아놀드 로말리 Arnold Lomali 목사님과 사모님께도 깊은 감사를 드린다.

지난 37년 동안 기쁘나 슬프나 옆에서 함께 길을 걸으며 나에게 새로운 결정을 할 수 있도록 힘을 불어 넣어주고 주를 향해 함께 달려가는, 세상에서 가장 사랑하는 아내 김성혜 선교사에게 진정으로 깊은 감사와 사랑의 마음을 전한다.

**Following
God**

1부

목적지를 모르는 여행자

: 죽음과 삶

1장

달리는
특급 열차에서

한 치 앞을 알 수 없는 게 인생이다. 인생이라는 여행은 때때로 상상도 못한 길로 우리를 이끈다. 우리는 그저 수많은 변수 앞에서 끊임없이 선택하며 나아갈 뿐이다.

어린 내게 교회는 의미 없는 여행지였다. 나는 유독 교회가 너무 싫었다. 왜 그렇게 지루하고 재미없는지. 외할머니와 어머니 모두 독실한 크리스천이라 나와 동생들은 어려서부터 교회에 가도록 강요를 받았다. 동생들과 달리 나는 예배를 거부하고 급기야 교회를 나가지 않았다. 중·고등학교 시절에는 아주 좋은 핑계거리가 있었다. 공부를 해야 하니 교회 갈 시간이 없다는 것. 나는 마지못해 부활절, 성탄절, 교회 창립기념일에만 할머니의 손에 붙들려 교회에 갔다. 이걸로 의무를 다한다고 생각했다.

대학교에 입학하자마자 바로 대학 생활에 푹 빠져버렸다. 주말에는 MT와 LT에 가야 한다며 교회와 계속 멀어져 갔다. 1학년 땐 유네스코 학생회에 가입해 조국 순례 대행진 행사에 참여했다. 출발점은 기억나지 않지만 남학생 3명과 여학생 2명이 한 조가 되어 대학생 수백 명과 함께 진주까지 12일간 약 300킬로미터(km)를 행진했다.

친구들과 같이 밥을 해먹고, 텐트에서 옹기종기 모여 자고, 산을 넘고, 강을 건너는 일정이 너무나도 즐거웠다. 마지막 날 밤에는 대학생 700여 명이 집결해서 캠프파이어 앞에서 막걸리를 주고받고 밤새 흥청망청 놀았다. 대부분 서울에서 온 학생이라 대회 측에서 특급 열차를 대절해줬고 덕분에 편하게 진주에서 서울까지 올 수 있었다. 나는 그동안 행군하랴 막걸리 마시랴 너무 지쳐 기절하다시피 했다.

그날은 비가 많이 왔다. 기차에 있는 모든 창문은 닫혀 있었다. 너무 답답해서 찬바람을 좀 마시기 위해 열차의 차량과 차량 사이로 나갔다. 출입구를 열고 아래 철제 발판으로 내려가는 순간, 빗물이 고인 발판에서 미끄러져 달리는 기차에서 떨어지고 말았다. 아주 짧은 순간이었지만 하늘을 나는 것 같았다.

갑자기 어딘가에 '꽝' 하고 떨어졌다. 온몸이 무언가에 마구 부딪히다가 정신을 잃고 말았다. 눈을 떠 보니 하행선 철길 위였다. 일어나려 했지만 너무 어지러워서 걸을 수가 없었다. 온몸은 또 왜 이렇게 끈끈한지. 만져보니 온통 피 투성이었다. 잃어버린 신발 한 짝을 찾으려다가 너무 어지러워 포기했다. 신기하게도 아프다는 느낌은 하나도 없었다. 이런저런 생각이 머릿속을 스쳤다.

'기차에서 떨어졌구나. 하나님이 부르시는데 교회에 나가지 않아서 벌주신 건가? 그래도 목숨은 살려 주셨네. 그나저나 집에는 어떻게 가지? 아버지가 암으로 병원에 계시는데 부모님께는 또 어떻게 말씀드려야 하나. 얼마나 걱정하실까?'

나중에 들었는데 같은 조 누나가 기차에서 떨어지는 나를 봤다고 한다. 누나는 내가 떨어졌다고 소리치고 바로 기절했다. 친구들이 급히 차장님을 불러 기차에서 사람이 떨어졌다고 이야기했더니 차장님은 장례를 치를 준비나 하라고 했단다.

쓰러진 나를 보고 달려온 사람들에게 병원에 데려가 달라고 애원했지만 워낙 피를 많이 흘려 잘못 만지면 죽을 것 같았는지 모두 쳐다만 봤다. 마침 친구들이 나를 발견했는데 처음에는 날 못 알아 봤다. 어디가 얼굴이고 어디가 뒤통수인지 구분할 수 없을 정도로 처참했기 때문이다. 친구 중 하나가 옷을 찢어 머리를 마구 동여맨 후 택시에 태우는 순간, 나는 완전히 정신을 잃었다.

그래도 돌아가지 않았다

꿈을 꿨다. 아주 푸른 초원을 달려갔다. 그런데 앞으로 나아가지 않고 점점 하늘로 올라갔다. 하얀 구름에 둘러싸인 곳에 아주 거대한 성이 있었는데 허리까지 오는 높은 계단이 수없이 펼쳐져 있었다. 그 계단을 엉금엉금 기어 올라가서 성 문을 두드렸다. 아주 예쁜 동자 한 명이 문을 열고 나와 말했다.

"무슨 일이세요?"
"성 안으로 들어가려고요."
동자는 나를 잠시 쳐다보더니 말했다.
"아직 오면 안 돼요."

동자는 문을 꽝 닫아 버렸다. 순간 몸이 구름 위에서 땅으로 떨어지며 엄청난 한기를 느꼈다. 눈을 떠 보니 몸이 온통 붕대로 싸여

있었다. 자초지종을 들어보니 마침 충남대 병원에 근무하는 간호사
가 퇴근하다가 나와 친구들을 봤다고 한다. 마침 유네스코 학생회
활동을 했던 그가 우리의 유네스코 학생회 복장을 알아본 모양이었
다. 그분이 서명해준 덕분에 난 충남대 병원에서 무사히 수술을 받
을 수 있었다.

　놀랍게도 어디 하나 부러진 곳이 없었다. 대신 300여 바늘을 꿰
맸다. 수술은 4시간이나 걸렸다. 다음 날 아침에 충남대 병원에서
서울 한양대 병원으로 이동했다. 어머니는 나를 보시자마자 펑펑
울며 말씀하셨다. "하나님께서 너를 살려 주셨어. 너는 하나님께 돌
아가야 해."

　어머니는 나를 도와준 충남대 병원 간호사에게 감사를 전하고자
그를 간절히 찾았지만 병원에서는 그런 사람이 없다고 했다. 도저
히 이해할 수 없었다. 외할머니께서는 이렇게 말씀하셨다. "하나님
께서 너를 살리려고 천사를 보내 주신 거야. 하나님께서 제2의 인생
을 주셨어. 이제는 주님께 꼭 돌아와."

　사람들은 달리는 특급 열차에서 떨어져서 살아 돌아온 사람은
나밖에 없을 거라고 말했지만 여전히 내 마음은 주님께 돌아가지
못했다.

2장

죽음 앞에서
삶을 생각하다

인생의 종착지는 죽음이다. 하지만 사람들은 대부분 죽지 않을 것처럼 살다가 어리석게도 죽음 앞에 다다랐을 때 비로소 삶에 대해 생각한다.

기차 사고가 났던 그해 11월, 아버지가 돌아가셨다. 한양대 병원에 입원해 있을 때 아버지는 간암 말기로 신촌 세브란스 병원에 입원해 계셨다. 당신은 나를 보기 위해 심한 고통을 참으며 앰뷸런스를 타고 오셨다. 그때 나는 너무 철이 없었다. 아버지의 방문이 그토록 소중하고 아름답다는 걸 왜 몰랐을까.

아버지의 장례를 치르며 예상치 못한 전쟁이 시작되었다. 친척은 모두 크리스천이 아니었기 때문에 장례 절차를 두고 우리 가족과 갈등이 생겼다. 친척은 목사님을 쫓아내고 관 위에 장식한 십자가 꽃 화환도 밟아 버렸다. 그들은 입관할 때 제사 음식을 차려 놓고 상주인 나에게 절을 시켰다. 어머니와 두 동생은 절대 안 된다며 나를 꽉 붙잡았다. 중간에서 이러지도 저러지도 못하고 정말 미칠 지경이었다.

나는 한동안 제사상 앞에 서 있다가 갑자기 기절했다. 하관식을 할 때도 기절해서 친구들이 업고 내려왔다. 상주가 기절하는 바람에 장례는 대충 마무리됐다. 지금 생각해보면 하나님께서 필요한 시점에 나를 두 번이나 기절시켜 위기 상황에서 어머니의 신앙을 따르게 해주신 것 같다. 친척도, 어머니와 동생도 너무 미웠다. 왜 아버지가 돌아가신 날에 이렇게까지 싸워야 하는지, 도대체 기독교가 무엇이기에 장례식을 전쟁터로 만들면서 신앙을 지켜야 하는지 도저히 이해할 수 없었다. 그렇게 교회와 더 멀어져 갔다.

3장

안개 속을
헤매다

죽을 고비를 넘기고 살아났는데도 난 여전했다. 대학 2학년을 마치고 해군에 입대했다. 해군 정복이 어찌나 멋져 보이던지. 난 운 좋게 운전병으로 뽑혔고 영어를 할 줄 안다는 이유로 용산 미8군 캠 프에 있는 주한 미 해군사령부에 재배치되어 주한 미 해군 사령관 의 운전병으로 근무하게 되었다.

어느 날 안개 경보가 내렸다. 사령부에서 근무하는 한국 해군의 연락장교를 안양 자택으로 픽업하러 갔던 날이다. 시간이 늦어 서 두르다가 남태령 고개에서 안개 때문에 가로수와 정면으로 충돌하 고 말았다. 나는 그대로 차량 밖으로 휙 날아가 떨어졌다. 운전석 옆에 있는 엔진은 완전히 날아가 버렸다.

도로에 쓰러져 있는 나를 보고 누군가 미8군에 신고했다. 앰뷸런스가 와서 나를 캠프 안에 있는 121 병원으로 데리고 갔다. 또 한 번 기적이 일어났다. 엑스레이와 CT를 촬영했는데 어디 한 군데 부러진 곳이 없었다. 가슴이 핸들에 심하게 부딪혀 동그랗게 멍만 들었다. 차량은 완전히 전파되어 폐차됐지만 나는 멀쩡했다.

'하나님께서 나를 계속 부르고 계시는데 내가 순종하지 않아 자꾸 벌을 주시는구나. 하지만 동시에 나를 안아 지켜주시는구나!' 몸은 덜덜 떨리는데 이상하게 마음은 따뜻했다. 두 번이나 죽음의 문턱까지 갔지만 매번 주님의 은혜로 살아 돌아왔다. 그런데도 난 주님께 돌아가지 않았다.

우리는 때때로 하나님께 기적을 보여 달라고, 그럼 진짜로 믿겠다고 말한다. 하지만 기적은 우리에게 믿음을 줄 수 없다. 이 세상에서 가장 큰 기적을 경험한 사람은 누구일까? 아마 이집트의 바로 왕일 것이다. 바로 왕은 열 가지 재앙을 통해 엄청난 기적을 보았지만 마음이 더욱 강퍅해져서 하나님을 대적했다. 이스라엘 백성도 광야 생활을 할 때 홍해가 갈라지고 바위에서 물이 나오고 만나가 매일 하늘에서 떨어지는 놀라운 기적을 경험했지만 여전히 하나님을 신뢰하지 못했다.

기적은 믿음을 자라나게 할 수 없다. 오직 '믿음은 들음이요, 들음은 그리스도의 말씀'이라는 로마서 말씀처럼 하나님의 말씀만이 믿음을 자라나게 한다.

4장

사업가에서
여행자로

외할머니, 어머니, 아내의 기도는 계속되었지만 나는 세상 유혹에서 도저히 빠져나올 수 없었다. 제대 후에 같은 대학교에서 만난 아내와 결혼하고 SK에 입사했는데 직장 생활을 시작하면서 세상의 환락에 빠졌다. 주일 저녁에도 회사 동료와 술자리를 찾아 다녔고 일주일에 서너 번은 집에 어떻게 돌아왔는지 기억할 수 없었다.

때마침 인도네시아 지사로 발령을 받았다. 해외 지사는 내가 꿈꾸던 세상 그 자체였다. 이거지! 환호성을 질렀다. 옆에서 간섭하던 외할머니와 어머니에게서 벗어나 마음대로 살 수 있었다. 주말만 되면 여기저기로 놀러 다니느라 바빴다. 가끔 주일에 아내가 교회에 못 가게 방해도 했다.

하루는 아내를 교회에 태워 주고 교회 마당에서 아이들과 놀고 있었다. 갑자기 대학 선배 한 분이 다가와서 말씀 테이프를 건넸다. 그는 말씀 테이프를 주고 일주일 후에 후배에게 그 내용에 관해 묻는 걸로 사내에서 유명했다. 그동안 선배를 피해 도망다녔지만 결국 붙잡혀 말씀 테이프 6개를 받았다. 테이프엔 '주기도문 강해'라고 쓰여 있었다. 제목부터 지겨웠지만 선배에게 혼나는 게 무서워 억지로 말씀 테이프를 틀었다.

세 번째 말씀 테이프를 듣던 순간을 아직도 잊을 수 없다. 갑자기 수많은 화살이 나를 향해 날아와 몸을 파고드는 느낌이 들었다. 시간이 지날수록 더 많은 화살이 몸을 뚫고 들어와 뼈 사이사이에 박혔다. 나는 점점 피투성이가 됐고 너무 아프고 견딜 수가 없어서 엉엉 울어버렸다.

그렇게도 주님께 돌아가기를 거부한 나를, 두 번이나 목숨을 살려주셨지만 주님을 만나길 거부한 나를, 주님께서 먼저 찾아와 주셨다. 만군의 여호와께서 벌레 같고 죄인 중에 죄인인 나에게 먼저 손을 내밀어 주시고 마음을 만져 주셨다.

하나님의 말씀은 살았고 운동력이 있어 좌우에 날선 어떤 검보다도 예리하여 혼과 영과 및 관절과 골수를 찔러 쪼개기까지 하며 또 마음의 생각과 뜻을 감찰하나니. 히 4:12

세상의 다른 종교는 고행하고 수련하면서 진리를 찾아 헤매지만 기독교는 만왕의 왕이신 주님께서 우리를 찾아주신다. 이것이 바로 주님의 은혜요, 사랑이요, 긍휼이다.

다른 영혼을 품고 기도해야 하는 이유

바로 다음 날부터 아내와 함께 철야 기도회에 나갔다. 철야 기도회는 신앙이 깊은 사람이나 다니는 거라며 억지를 부리던 내가 아내와 함께 철야 기도회를 나가다니. 어색했지만 외할머니와 어머니가 기도하시는 모습을 오래 봐왔으니 나도 할 수 있을 거라고 생각했다.

우리 식구, 처가 식구 그리고 아는 사람들을 위해 기도하고 시계를 보니 딱 1분이 지났다. 더는 기도할 내용이 없었다. 다른 사람들은 한두 시간씩 기도했다. 도저히 이해할 수 없었다. 가족이 얼마나 많기에 저렇게 기도할 게 많을까? 궁금증이 생겼다. 너무 부끄럽지만 첫 번째 기도 제목은 이랬다. '하나님, 저도 5분 동안 기도하게 해주세요.'

그때부터 시작한 철야 기도는 4년 반 동안 계속됐다. 하나님은 기도의 폭을 점점 넓혀 주시고 내 마음을 더욱 깊게 만져 주셨다. 하나님이 나를 만나 주신 것은 내가 잘나서도 아니고 똑똑해서도 아니란 걸 깨달았다. 그동안 나를 위해 매일 눈물로 기도해 주신 외할머니, 어머니, 아내의 기도가 때가 차매 주님께서 나를 만나 주셨다는 걸 절실히 느꼈다.

이것이 우리가 다른 영혼을 품고 기도해야 하는 이유다. 우리가 그를 포기하지 않고 기도하면 주님께서 반드시 그 영혼을 만져 주신다. 주님은 신실하셔서 주님의 백성을 절대 포기하지 않고 기다리고 또 기다리며 안아주신다. 우리의 기도가 채워졌을 때 주님께서 때를 앞당겨 주신다.

철야 기도회를 시작하고 처음 1년 반 동안 주님은 내가 교회 바닥을 뒹굴며 철저하게 회개하도록 하셨다. 회사에서도 매일 밤 교회 가는 시간만 기다렸다. 기도회에서 사람들과 함께 찬양하고, 말씀을 나누고, 중보 기도하는 시간이 정말 기쁘고 소중했다. 우리 부부를 포함해 여섯 가정이 매일 모여 함께 기도했다. 그리고 새로운 기도 제목이 생겼다. 세상에 빠진 나를 주님께서 왜 부르셨는지, 나를 통해 무엇을 하길 원하시는지 말씀해 달라고 기도했다. 비로소 주님의 여행에 동참할 준비가 된 것이다.

여인이 어찌 그 젖먹는 자식을 잊겠으며 자기 태에서 난 아들을 긍휼히 여기지 않겠느냐 그들은 혹시 잊을찌라도 나는 너를 잊지 아니할 것이라 내가 너를 내 손바닥에 새겼고 너의 성벽이 항상 내 앞에 있나니. 사 49:15-16

**Following
God**

오직 그분만 아는 여행

: 인도네시아 말랑

기독종합대학 UKCW

1장

발걸음을
맡기다

"말랑에 있는 기독종합대학 UKCWUniversitas Kristen Cipta Wacana, 찝다 와
짜나 기독대학가 경영난으로 문을 닫게 됐어요." 인도네시아의 목사님
한 분이 오셔서 나눠주신 기도 제목을 듣는 순간, 하나님께서 이 사
역을 위해 나를 부르시고 기도하게 하셨다는 걸 어렴풋이 알게 됐
다. 교회에서 함께 기도하던 여섯 가정은 학교를 위해 집중적으로
기도했다. 네 달 정도 지나자 주님께서 이 대학을 인수하라는 마음
을 주셨다.

우리는 인도네시아에서 처음으로 외국인 교육 재단을 만들어 모
든 부채를 안고 대학을 인수했다. 인수하기 전날 밤 한 번 더 기도

했다. '주님, 이 마음이 주님의 마음이라고 확신할 수 있도록 사인을 주세요.' 그날 처음으로 주님의 음성이 가슴 깊은 곳에서부터 울려나왔다.

내가 먼저 가는 길을 그냥 따라 오라.

하나님은 여섯 가정 중 한 가정의 김 선배를 통해서도 사인을 주셨다. 대학을 인수하기로 한 날 새벽, 김 선배에게 전화가 왔다. 한국에 계신 김 선배의 친구 어머니께서 새벽에 기도하던 중 하나님께서 고린도후서 말씀을 주셨다고 했다. 일면식도 없는 선배의 연락처를 물어 전화하신 그분이 전해준 말씀은 이것이었다.

무명한 자 같으나 유명한 자요 죽은 자 같으나 보라 우리가 살고 징계를 받는 자 같으나 죽임을 당하지 아니하고 근심하는 자 같으나 항상 기뻐하고 가난한 자 같으나 많은 사람을 부요하게 하고 아무 것도 없는 자 같으나 모든 것을 가진 자로다. 고후 6:9-10

너희도 거저 받았으니 거저 주라

우리는 1998년 8월 말, 대학 재단을 인수했다. UKCW는 인도네시아 현지 교단이 1965년에 설립한 4년제 대학이며 단과대학 5개와 학과 6개(영어과, 경제학과, 법학과, 기계공학과, 토목공학과, 농학과)가 있었다.

막상 대학을 인수하고 보니 무엇을 해야 할지 감이 오지 않았다. 대학을 어떻게 운영해야 하는지, 9월 새 학기가 일주일 남았는데 학생을 어떻게 모집해야 하는지, 특별한 생각도 계획도 없었다. 말랑에서 자카르타로 돌아오는 기차 안에서 주님께 간구했다. '주님, 이제 뭘 해야 하나요? 학생을 어떻게 모집하죠? 다음 주에 당장 개강해야 하는데 시간이 너무 없어요.'

그런데 바로 다음 날, 인도네시아 신문에 올해는 경제가 좋지 않아 모든 대학의 개강을 한 달 연기하라는 기사가 실렸다. 주님께서 한 달이라는 시간을 더 주신 것이다. 우리는 인도네시아에 있는 모든 교회에 경제적 형편이 어려워 공부할 수 없는 청년을 보내달라고 공문을 보냈다. 그때 하나님이 마가복음 말씀을 주셨다.

… (중략) 너희가 거저 받았으니 거저 주어라. 마 10:8

하나님은 우리가 인도네시아에서 경제적 축복을 거저 받았으니 이제 그 축복을 인도네시아 영혼에게 거저 주라고 말씀하셨다. 우리는 모든 학생에게 장학금을 주기로 결정했다. 덕분에 학생 200여 명이 모였다. 학교를 인수할 때 학생 수가 16명이었으니 정말 많이

온 것이다. 개강 예배 때 한 학생이 울면서 이렇게 간증했다.

"제 어머니는 남의 집에서 일하는 가정부입니다. 저는 대학 공부를 할 수 없는 형편이었습니다. 꼭 대학에 가고 싶어서 고등학생 때부터 주님께 간절히 기도했습니다. 그러다가 한국 사람들이 말랑에 있는 UKCW를 인수했고 전액 장학금을 준다는 소식을 들었습니다. 하나님께 감사하다고 소리치며 이 대학에 지원했고 지금 이 자리에 있게 됐습니다. 제 기도를 들어주신 주님께 정말 감사합니다. 대학에서 공부할 수 있도록 기회를 주신 한국 분들께도 감사드립니다."

가슴이 벅차올랐다. 마치 에스더에게 하신 말씀처럼 나를 변화시키고 부르신 것이 이때를 위한 것은 아니었을까. 우리는 그렇게 주님의 손을 잡고 주님의 일에 한 발짝 나아갔다.

> 무리와 제자들을 불러 이르시되 아무든지 나를 따라 오려거든 자기를 부인하고 자기 십자가를 지고 나를 좇을 것이니라. 막 8:34

2장

여행자의 지갑

여행할 땐 자고로 주머니가 두둑해야 한다. 예산에 따라 목적지와 동선이 달라지고 무엇보다 마음가짐이 바뀐다. 대학 운영도 그랬다. 그런데 재정을 마련하는 것보다 더 중요한 게 있었다.

UKCW는 기도 모임에 참여한 여섯 가정의 가장 6명이 월급을 모두 쏟아 부어야 간신히 유지될 수 있을 만큼 재정 형편이 어려웠다. 우리 중 신학 대학교를 졸업한 사람도 없었고 한국 교회와 연결되어 있는 사람도 없어 정말 막막했다. 설상가상으로 영어 랩실을 만들기 위해 1만 달러가 필요했다. 당시 나는 SK를 퇴사해 사우디

아라비아에서 새로운 사업을 막 시작하려던 차였다. 계약이 성사되면 계약금으로 학교 재정을 충당하려고 했다.

당시 인도네시아 자카르타에서 사우디아라비아 제다까지 가려면 두바이를 거쳐서 12시간이나 날아 가야 했다. 난 비행기만 타면 영화에 빠지곤 했는데 그때는 주님이 꼬박 성경만 읽게 하셨다. 성령님께서 이번 출장을 도우셔서 완전 대박이 터지겠구나 생각했다.

하지만 막상 도착해 보니 기대가 와장창 깨졌다. 새로운 계약을 하기는커녕 오히려 전에 선적한 물품에 대한 하자 불평만 받았다. 비즈니스는 점점 더 어려워졌다. 주님은 여전히 성경만 읽게 하셨다. 어느 날 아침에 성경을 읽다가 앞뒤가 맞지 않는 구절이 내 눈에 들어왔다.

> 아무 것도 염려하지 말고 오직 모든 일에 기도와 간구로, 너희 구할 것을 감사함으로 하나님께 아뢰라 그리하면 모든 지각에 뛰어난 하나님의 평강이 그리스도 예수 안에서 너희 마음과 생각을 지키시리라. 빌 4:6-7

구할 것을 감사함으로 아뢰라고 했는데 그 다음 구절에 구한 것을 주신다는 말씀은 전혀 없다. 대신 생뚱맞게 마음과 생각을 지켜주신다고 한다. 이게 무슨 의미인지 몰라 하루 종일 마음에 맴돌았는데 잠자리에 들기 전에 이렇게 정리됐다.

'하나님은 우리가 무엇을 받고 안 받는 것보다 우리가 그리스도 예수 안에서 평강을 지키는 것이 더 중요하다고 하시는구나. 세상에서는 결과가 중요하지만 하나님은 과정을 더 중요하게 여기시는구나. 하나님은 만왕의 왕이시기에 아무 때나 주님이 원하시면 우리가 구하는 모든 걸 주실 수 있지. 하지만 주님은 우리가 그 과정에서 평강을 지켜나가길 원하시는구나.'

결국 사업은 잘 풀리지 않았다. 돌아오는 비행기에서 갑자기 가슴에 하나님의 사랑이 한 방울 툭 떨어졌다. 마치 컵 안에 잉크 한 방울을 떨어뜨리면 물이 잉크색으로 서서히 물드는 것처럼 가슴에 하나님의 사랑이 퍼져나갔다. 가슴이 터져 나갈 것 같이 부풀어 올랐다. 결국 비행기 안에서 눈물이 터지고 말았다. 세상에 똑똑하고 돈도 많고 잘난 사람도 많은데 왜 하나님은 당신을 부인하고, 빤질거리고, 아무것도 가진 게 없는 나를 부르셨을까. 왜 나를 기다리시고 하나하나 가르치면서 사용하길 원하실까.

내가 진실로 진실로 네게 이르노니 젊어서는 네가 스스로 띠 띠고 원하는 곳으로 다녔거니와 늙어서는 네 팔을 벌리리니 남이 네게 띠 띠우고 원치 아니하는 곳으로 데려가리라. 요 21:18

대학을 인수하면서 주님께서 모든 것을 주관하신다고 고백했지만 사실 나는 예금 통장과 인맥을 의지하고 있었다. 주님께서는 당신이 하겠으니 양손에 꼭 붙잡고 있는 것을 내려놓고 주님을 향해 팔을 벌리라고, 그래야 주님께서 원하시는 대로 이끌 수 있다고 말씀하셨다.

하지만 현실은 변한 게 하나도 없었다. 주님께서는 평강 가운데 있으라고 하셨지만 눈을 뜨고 현실을 보면 정말 갑갑해서 어찌해야 할지 몰랐다. 일주일이 지난 어느 날, 인도네시아 문교성에서 연락이 왔다. 지난 30년 동안 한 번도 지급되지 않던 정부 특별 지원금이 나왔다고 했다. 정확하게 1만 달러였다.

주님께서는 이미 모든 것을 예비해 두셨다. 주님은 우리가 주님의 평강 가운데 있는지 보고 계셨다. 결과를 만들어 가는 과정 가운데 우리가 진정 주님을 의지하는지 보신 것이다.

> 무릇 지킬만한 것보다 더욱 네 마음을 지키라 생명의 근원이 이에서 남이니라. 잠 4:23

> 그리스도의 평강이 너희 마음을 주장하게 하라 평강을 위하여 너희가 한 몸으로 부르심을 받았나니 또한 너희는 감사하는 자가 되라. 골 3:15

하나님의 일은 하나님이 하신다

대학을 함께 인수한 이사님들이 IMF로 어려워지면서 결국 혼자 대학을 운영하게 되었다. 여섯 명이 모두 힘을 합쳐도 힘들었는데 혼자서 대학 운영을 책임지다 보니 정말 어려웠다. 아무리 발버둥을 쳐봐도 매달 부족한 재정을 채우는 일은 너무도 벅찼다. 고심 끝에 작정 기도를 시작했다. 누구든지 나를 따라오려거든 자기를 부인하고 각자의 십자가를 지라고 하신 말씀을 붙잡고 주님과 흥정(?)을 시작했다.

'주님 제 십자가를 지고 가겠습니다. 그런데 이 십자가는 아니에요. 가벼운 십자가로 바꿔주세요. 이건 너무 무거워서 더는 질 수가 없어요. 이만큼 졌으면 됐지 언제까지 지고 가야 하나요. 제가 질 수 있는 십자가로 좀 바꿔주세요.'

한 달 반쯤 지났을 때 주님은 꿈속에서 내가 십자가를 지고 가는 모습을 보여 주셨다. 그런데 자세히 보니 십자가가 어깨 위에 떠 있었다. 내가 십자가를 지고 가는 줄 알았는데 알고 보니 헬리콥터가 십자가를 들고 있었다. 주님께서 이렇게 말씀하시는 것 같았다.

십자가가 무거우니 바꿔 달라고? 정확히 말하면 너는 십자가를 진적이 없어. 십자가를 지고 가는 척만 했을 뿐이다. 너에게 비전과 사명을 줬고 네가 감당하지 못할 것도 알기에 내가 위에서 다 붙들고 가는데 뭐가 무겁다고 바꿔 달라는 거니.

나 혼자 무거운 십자가를 지고 가는 줄 알았다. 교만한 생각이었다. 하나님은 홀로 일하고 있다는 걸 꿈을 통해 보여 주셨다. 우리는 종종 하나님의 일을 감당하고 있다고 착각하곤 한다. 하지만 하나님의 일은 하나님만 할 수 있다.

그렇다면 하나님은 왜 우리를 하나님의 일에 동참하게 하실까. 하나님의 능력이 부족하기 때문일까. 헌금이 필요하기 때문일까. 결코 아니다. 하나님은 말씀 하나로 우주 만물을 창조하신 분이다. 그에게 무엇이 부족해서 우리의 도움이 필요하겠는가. 하나님은 단지 우리가 함께하길 원하신다. 다른 것은 필요 없다. 걱정은 붙들어 매시라. 이 여정에 필요한 지갑은 하나님이 채워 주실테니.

> 무릇 내 이름으로 일컫는 자 곧 내가 내 영광을 위하여 창조한 자를 오게 하라 그들을 내가 지었고 만들었느니라. 사 43:7

> 너희 속에 착한 일을 시작하신 이가 그리스도 예수의 날까지 이루실 줄을 우리가 확신하노라. 빌 1:6

3장

정직이란
신발을 신고

살면서 누구나 '착한' 거짓말을 해본 적이 있을 것이다. '착한'이란 수식어가 붙었으니 죄책감을 상쇄시켜 주기 때문일까. 하지만하나님께 거짓말은 통하지 않는다. 그분께 착한 거짓말이란 없다.

대학에 컴퓨터 랩실을 만들어야 하는데 돈이 부족했다. 그때 한국의 어느 조찬 기도회에서 컴퓨터 랩실에 관한 기도 제목을 나눈모양이다. 우리 이야기를 들으신 분이 한국지능정보사회진흥원에연락해 보라고 하셨다. 마침 그곳에서 도박 게임 '바다 이야기'로 문제된 컴퓨터 5만 대를 전국에서 압수해 보관하고 있었다. 인터넷으로 담당 기관을 찾아 장문의 편지를 보내며 몇 대를 신청할까 고민했다.

사실 컴퓨터 113대 정도면 충분했다. 서류에 113이란 숫자를 적으려는 순간 그래도 명색이 대학인데 113대는 너무 초라해 보일 것 같아 300대를 요청했다. 6개월이 지난 후 연락이 왔다.

"컴퓨터를 이제야 보내드립니다. 그런데 요청하신 300대를 다 보내드릴 수 없어서 일단 113대를 보내드릴게요."

온몸에 소름이 돋았다. 하나님이 너무 무서워서 온몸이 부들부들 떨렸다. 혹시 100대나 150대라면 우연의 일치라고도 생각할 수 있다. 하지만 113은 아내나 대학 총장님도 모르는, 내 머릿속에만 있는 숫자였다. 하나님의 일이니깐 이왕이면 좋은 게 좋은 거라고 생각하며 300대를 신청했다. 하지만 하나님께서는 거짓말을 하거나 부풀리지 않고, 있는 그대로 하나님의 일에 임하길 바라셨다. 주님 앞에 절실히 회개했다. 하나님의 일을 할 때는 절대로 거짓말하지 않겠다고 약속했다.

그 해에 보내주겠다던 컴퓨터는 결국 오지 않았다. 다음 해에 관련 부서에서 연락이 왔다. 정부 지침상 도박 게임에 사용했던 컴퓨터는 해외 반출이 금지됐다고 했다. 대신 '사랑의 컴퓨터 보내기 운동'으로 처음에 요청한 300대를 다 보내주겠다는 내용이었다.

하나님은 처음부터 컴퓨터 300대를 보내 주실 수 있었다. 하지만 처음부터 300대를 받았다면 나는 여전히 하나님의 일을 할 때 거짓말을 했을 것이다. 하나님께 컴퓨터를 받고 안 받고는 중요하지 않았다. 하나님은 먼저 내가 하나님의 백성으로 어떻게 살아야 하는지 깨닫길 원하셨다. 뒤늦게 깨닫고 회개했을 때 미성숙한 기도 제목까지도 잊지 않고 들어주시는 분이 바로 하나님이다.

하나님은 언제든지 우리에게 엄청난 축복을 주실 수 있다. 하지만 우리가 축복 받을 준비가 되어있지 않을 때는 먼저 가르치고 따르도록 하신다. 우리가 하나님의 가르침을 깨닫고 돌이켰을 때 주님은 마음껏 축복해 주신다.

우리는 하나님이 왜 기도에 응답해 주지 않냐고 답답해할 때가 있다. 그럴수록 다시 한 번 주님 앞에 엎드려 기도하는 것이 주님을 따라가는 방법이다. '주님, 제가 아직 깨닫지 못한 부분이 있습니까. 그것을 먼저 깨닫게 하여 주시옵소서.' 주님은 내가 준비되지 않았더라도 정직하게 그대로 나오길 원하신다.

스스로 속이지 말라 하나님은 만홀히 여김을 받지 아니하시나니 사람이 무엇으로 심든지 그대로 거두리라. 갈 6:7

4장

내 길은
너의 길과 다르다

대학을 운영하면서 학생들이 한국에서 공부할 수 있는 기회가 있으면 정말 좋겠다고 생각했다. 내 생각을 읽기라도 한 듯 2010년 11월, 숙명여대 교무처장님으로부터 메일이 왔다. 숙명여대와 UKCW가 MOU를 체결하고 우리 학생을 교환학생으로 숙명여대에 보내줄 수 있냐는 내용이었다.

한참 눈을 꿈뻑이며 모니터를 바라봤다. 우리 대학은 규모가 너무 작아 MOU 체결은 생각지도 못했다. 얼마 후 해외협력팀장님과 교무처장님이 학교를 방문하기 위해 직접 말랑에 오셨다. 두 분은 학생들과 함께 채플을 드린 후 직접 학생을 인터뷰하고 12명을 뽑았다. 그리고 모두에게 전액 장학금을 마련해 줄 테니 숙명여대로 보내 달라고 말씀하셨다.

숙명여대 교환학생 중 미따는 가족은 물론 본인도 아주 극단적인 무슬림이었다. 그는 기독교인 친구를 무슬림으로 전도하는 일을 하고 있었는데, 성경을 아는 것이 개종에 도움이 될 것 같아 성경을 읽기 시작했다. 그런데 놀랍게도 성경을 읽던 도중 주님의 역사하심으로 그리스도인이 되었다.

미따가 기독교로 개종하자 집에서 난리가 났다. 미따는 6개월 동안 집에 감금당했지만 끝내 뜻을 굽히지 않았고 결국 집에서 쫓겨났다. 미따는 할 수 없이 현지 교회에서 거주하다가 UKCW에 입학했다. 가족에게 한국에 유학 간다고 이야기했더니 놀라서 어떻게 된 일이냐고 물었단다. 미따는 대답했다. "그리스도를 영접했더니 나에게 한국 유학이란 엄청난 선물을 주셨어요." 현재 숙명여대에 편입을 준비하고 있는 미따의 기도 제목은 가족이 주님을 영접하는 것이다.

미따와 같은 시기에 한국으로 유학 갔던 학생들은 인도네시아에 돌아온 후 영적 리더가 됐다. 그들은 하나님의 은혜와 사랑을 전하고 있으며 숨바섬에서 사역할 때 통역을 도와주고 있다. 이 밖에

사역자의 길을 걷는 졸업생도 있고, 한국에서 신학 대학원을 졸업하거나 총신대학교에서 공부하는 학생도 있다. 2012년부터 시작된 UKCW와 숙명여대의 교류는 지금까지 계속 이어지고 있다. 학생 약 70명이 한국에서 공부했으며 그중 11명은 숙명여대에 편입하여 졸업장도 받았다.

우리 학생들은 장학금 외에 생활비와 기숙사비를 각자 해결할 능력이 없었다. 하지만 놀랍게도 주님께서는 숨바섬 사역을 도와주는 오륜교회에 말랑 목장을 만들고 목원들이 학생 한 명씩 맡아 경제적으로 지원받을 수 있게끔 해주셨다. 한국에 온 인도네시아 유학생은 오륜교회에서 인도네시아어 예배를 만들고 이 예배를 통해 다른 지역에서 유학 온 인도네시아 학생까지 전도했다.

조각 조각만 보면 도저히 이해할 수 없지만 모든 조각이 맞춰지면 비로소 주님의 큰 그림이 보인다. 주님은 우리가 이해할 수 없을 때에도 순종하고 따라오기를 원하신다. 그 길을 따라가다 보면 주님의 성실과 계획을 알게 된다.

> 너의 행사를 여호와께 맡기라 그리하면 너의 경영하는 것이 이루리라. 잠 16:3

하나님의 방법으로 채워주심

2014년 5월, 대학 캠퍼스를 갑자기 이전해야 하는 일이 생겼다. 그동안 임대하여 잘 사용하고 있었던 건물을 기존 학교가 사용하겠다고 갑자기 나가 달라고 했다. 급히 새로운 장소를 찾았지만 새로운 캠퍼스 임대 비용과 이전 비용으로 약 5만 달러가 필요했다. 난 마침 장인어른의 장례와 인도네시아 숨바섬 어린이의 구순 구개열 수술 때문에 한국에 있던 차였다.

우연히 극동방송의 라디오 프로그램 '하나되게 하소서'의 PD를 소개 받아 인도네시아 사역을 소개할 기회가 생겼다. 방송이 나가자마자 전화가 연이어 왔다. 가장 먼저 전화하신 분은 파킨슨 환자로 병원에서 방송을 듣다가 은혜를 받아 병원에 계신 분과 함께 후원금을 보내겠다고 했다.

우느라 말씀을 제대로 못한 분도 있다. 남편이 사업을 하다가 부도가 났고 회사와 집이 넘어가는 바람에 이삿짐을 싸면서 방송을 들었는데 주님을 처음 만났을 때처럼 첫사랑을 회복했다고 했다. 그는 이사 비용 중 일부를 후원금으로 보내주셨다. 다짜고짜 후원금을 보내주신 분도 있다. "선교사님, 저는 과부이고 이건 제가 가지고 있는 마지막 돈이에요. 그래서 이 돈을 헌금하면 아파도 병원에 갈 돈이 없다고 주님께 엎드렸거든요. 주님께서 나에게 투자하면 다 책임져 준다고 말씀하셨어요."

또 한 분의 시어머니는 무당이었는데 얼마 전에 주님을 영접했다고 했다. 안타깝게도 시어머니가 병을 앓고 있는데 방송을 들으시고 '그동안 평생 주님을 대적하는 일만 했는데 처음으로 주님께서 기뻐하는 일을 해야겠다'며 후원금을 보내라고 하셨단다. 많은 사람들의 후원으로 2주 만에 5만 달러가 채워졌다.

사실 방송을 녹음하면서 큰 교회나 단체가 통 크게 후원해 주면 좋겠다는 마음이 들었다. 하지만 하나님께서는 주님의 방법으로 기도를 들어주셨다. 후원자 각각의 사연을 들어보면 오히려 우리가 도와드려야 할 정도로 어려운 분이 많았다. 선교는 풍요롭다고 할 수 있는 것도 아니고 궁핍하다고 못하는 것도 아니다. 선교는 하나님의 마음을 품은 백성을 통해 계속 전개된다. 영혼을 긍휼히 여기는 마음을 품은 자를 통해 하나님의 일이 만들어져 간다.

> 여호와의 말씀에 내 생각은 너희 생각과 다르며 내 길은 너희 길과 달라서 하늘이 땅보다 높음 같이 내 길은 너희 길보다 높으며 내 생각은 너희 생각보다 높으니라. 사 55:8-9

5장

주여,
어디로 가십니까

'주여, 어디로 가시나이까?'

대학을 운영하며 어떤 길로, 어떤 방향으로 인도하실지 당장 알 수 없을 때마다 주님께 묻곤 했다. 그때마다 확실한 마음이 들었다. 이 대학은 주님께서 운영하시는 학교라는 것. 정말 너무 힘들어 모든 것을 내려놓고 도망가려고 한 적이 한두 번이 아니었다. 하지만 그때마다 주님께서는 생각지도 못했던 방법으로 나를 다시 회복시키시고 돕는 자를 붙여 주셔서 지금까지 대학을 운영하도록 하셨다.

대학을 운영한 지 16년째 되던 2014년 어느 날, 소환장을 받았

다. 한 재단이 우리 대학 소유권은 허위라고 고발했으니 법원에 출
두하라는 내용이었다. 소유권이 정말 상대측 재단에 있다면 16년
동안 가만히 있다가 왜 지금 이러는 걸까. 우리는 법정 대리인이 만
든 서류를 보여주며 대학 소유권이 우리에게 있다고 증명했다. 하
지만 상대측은 정치적 영향력과 막강한 재력을 동원해 우리를 더
세게 공격했고 악의적인 소문도 만들어냈다.

인도네시아의 무슬림 이민국 직원은 내가 선교사라는 것을 알고
추궁하기 시작했다. 나는 교수 비자를 발급받아서 체류하고 있었기
에 강의 외에 다른 일을 하면 불법이었다. 결국 사흘간 이민국에서
심의를 받은 후에 추방이 결정됐다. 하지만 하나님이 급하게 일해
주셨다. 나를 추궁했던 이민국 직원의 마음을 움직여 그가 이민국
장에게 '이 사람은 인도네시아를 정말 사랑하는 사람이고 인도네시
아에 꼭 필요한 사람'이라고 탄원해준 것이다. 덕분에 난 추방 날짜
에 풀려나고 비자 연장까지 받았다.

가장 좋은 변호사는 주님

결국 상대측은 대학 소유권 문제를 법정에 정식으로 고소했다.
상대편은 변호사 21명과 국회의원까지 동원했다. 그들은 무너지지
않는 거대한 골리앗 같았다. 우리도 변호사가 필요했지만 수임료

때문에 고용할 엄두가 나지 않았다. 7개월 동안 소송한 끝에 우리는 패소했다. 그대로 있을 수 없어서 고등법원에 항소했다. 정말 실력 있는 변호사를 찾아야만 했다. 하지만 이미 지방법원에서 패소했기 때문에 수임료는 더욱 올랐다. 그때 우리 대학 총장이신 요하네스 목사님이 좋은 변호사를 찾았다며 기쁜 목소리로 말했다.

"선교사님, 아주 좋은 변호사를 찾았어요."
"변호사요? 누구요? 어디 계세요?"
"우리 주님이요!"

솔직히 어이가 없었다. 장난하나. 우리 주님이 가장 좋은 변호사인 거 나도 알아. 당연하지. 그런데 현실은 그게 아니잖아. 그것만 믿을 때가 아니잖아. 빨리 능력 있는 변호사를 만나서 싸워야 할 거 아니야.

답답하고 힘들었지만 내가 할 수 있는 건 기도밖에 없었다. 상대 측이 대법원에 항소했을 때도 가장 능력 있고 권위 있는 변호사는 우리 주님이라는 걸 믿으려고 애썼다. 그런데 놀랍게도 고등법원에서 지방법원 판결이 뒤집어졌고 2019년 1월, 대법원 판결에서 우리 재단은 대학 소유권을 인정받았다. 장장 2년 반 동안 걸어온, 앞이 보이지 않아 캄캄하고 추운 터널을 벗어난 것이다.

주님께서 늘 전쟁은 여호와께 속한 것이라고, 신원은 당신이 한다고 말씀하셨다. 당시 현실과 말씀 사이에서 갈등하고 방황하던 나를 다시 돌아본다. 주님만이 나의 힘이요, 소망이요, 방패가 되신다.

하지만 소송의 후폭풍은 생각보다 심각했다. 긴 법정 싸움으로 대학은 피폐해졌다. 대학의 명성은 바닥을 쳤고 학교는 문 닫기 일보 직전이었으며 학생과 교수 인원은 반 토막이 났다. 지금은 대학을 사랑하는 교수님과 직원 그리고 학생이 하나 되어 다시 학교를 살리기 위해 노력하는 중이다.

너의 옥합을 깨라

그동안 우리 대학은 임대 건물을 사용하고 있었다. 지난 4년간 새로운 캠퍼스를 마련하기 위해 기도했는데 주님은 다른 사람에게 도움을 청하기 전에 내가 먼저 더욱 헌신하기를 원하시는 것 같았다. 아내와 기도한 다음 우리 부부가 은퇴 후에 사용하려고 저축했던 모든 예금을 해지해 캠퍼스를 사기 위한 재정에 보탰다.

이 결정을 하기까지 수없이 고민했다. 때에 따라 필요한 것을 공급해 주시는 주님이 우리의 노후까지 책임져 주실 거란 믿음이 있었지만 현실적으로 쉽지 않은 결정이었다. 걱정이 앞섰지만 주님께서 '너부터 옥합을 깨라'는 강한 말씀을 주시어 결단할 수 있었다.

이제 대학을 운영한 지 20년이 넘어간다. 남들은 20년 동안 괄목할 만큼 성장했는데 나는 대학을 제대로 발전시키지 못해 주님 앞에 죄송스러울 뿐이다. 과연 최선을 다했는가, 주님 앞에 한 점 부끄러움이 없는가 생각해보면 마음이 편치 않다.

일단 대출로 대지와 건물을 구입했다. 오래된 건물이라 낡은 부분을 먼저 수리해서 사용하기로 했다. 지난 20여 년 동안 이 대학을 주님께서 운영하셨다는 걸 잘 안다. 우리 졸업생이 인도네시아 각 지역에서 교사로, 공무원으로, 사업가로 그리스도의 빛과 향기를 나타내는 모습을 보며 다시 초심으로 돌아가고자 한다.

내 앞엔 또 다른 여행이 기다린다.

하나님이 가라사대 저가 나를 사랑한즉 내가 저를 건지리라 저가 내 이름을 안즉 내가 저를 높이리라 저가 내게 간구하리니 내가 응답하리라 저희 환난 때에 내가 저와 함께하여 저를 건지고 영화롭게 하리라. 시 91:14-15

쓰나미가 휩쓴 마을에
희망 한 조각
: 수마트라 반다아체

2004년 12월 수마트라 반다아체에 지진과 쓰나미가 발생했다. 공식적으로 약 16만 명, 비공식적으로 약 30만 명이 사망하고 해안선 500킬로미터, 해안 내륙으로 2킬로미터 안에 있는 건물과 집이 대부분 무너졌다. 자동차는 바닷속으로 큰 유조선은 도시 한복판으로 옮겨질 정도로 피해가 컸다.

이듬해 1월, 한국 긴급 구호팀 90여 명이 반다아체에 들어간다는 연락을 받고 자카르타에서 구호팀을 인솔했다. 막 출발하려는데 자카르타에 있는 한국 대사관으로부터 현재 반군이 정부군과 총격

전 및 인질 납치극을 벌이고 있다는 소식을 들었다. 빨리 대사관으로 들어오라고 했지만 구호팀은 고심 끝에 긴급 구호를 포기할 수 없다는 입장을 말씀드렸다. 대신 대사관과 논의해 인원을 60명으로 줄이고 반다아체 지역 중 큰 피해를 입은 멀라보로 가기로 했다.

멀라보는 수마트라 북동부의 큰 도시 메단에서 차량으로 16시간 정도 이동해야 하는 오지였다. 우리는 안전을 위해 선발대와 후발대로 나눴다. 선발대는 메단에서 식수, 쌀, 건축 자재 등을 구입하고 먼저 멀라보에 들어가 베이스캠프를 설치하기로 했다. 나를 포함한 후발대가 새벽에 메단으로 출발하는 비행기를 타기 위해 자카르타 공항으로 가는 도중 선발대가 조난당했다는 소식을 들었다.

선발대가 뒤늦게 멀라보에 도착하니 짐을 실은 트럭이 제때 도착하지 못해 식사도 못하고 자지도 못했다고 했다. 그나마 난민의 도움을 받아 천막에서 자고 식사도 조금 했다는 이야기를 들으니 웃음이 터져 나왔다. 난민을 도우러 가는 사람들이 난민에게 도움을 받다니.

우리는 총을 든 반군의 검문을 몇 차례 받아야 했다. 우리가 입은 옷에는 (사)한국국제기아대책기구(이하 기아대책)와 인도네시아 방송사 RCTIRajawali Citra Televisi Indonesia 로고가 있었는데 덕분에 큰 도움(?)을 받았다. 보통 반군은 후원 물품이 실려 있는 트럭을 탈취해

가는데 방송에 자신들에게 불리한 모습이 담기는 걸 원치 않아 우리 트럭을 모두 통과시켜준 것이다.

우여곡절 끝에 마을에 들어간 우리는 할 말을 잃었다. 여기저기에 수많은 시신이 널려 있었고 집은 완전히 붕괴됐다. 시신 썩는 악취와 파리 떼 때문에 차마 눈, 코, 입을 열 수가 없었다. '하나님 이것 좀 보세요. 이걸 하나님이 하신 거예요? 사랑의 하나님이잖아요. 근데 어떻게 이리도 많은 사람이 죽을 수 있죠? 하나님 제발 대답 좀 해보세요. 이들의 고통 좀 보세요….'

현지 교단이 멀라보에 세운 비밀 교회를 찾아가 보니 이미 건물이 붕괴됐고 현지 목사님 부부와 자녀 두 명도 건물에 깔려 숨졌다. 시신을 수습하고자 팔을 당겼으나 물에 불어난 데다 뜨거운 날씨에 시신이 상해 팔이 그냥 쑥 빠져버렸다. 참담한 마음이었지만 슬퍼할 수만은 없었다.

우리는 난민촌에 천막을 세우고 의료팀, 건축팀, 교육팀으로 나누어 복구 활동을 시작했다. 의료팀은 간이 천막에서 의료 활동을 했고, 건축팀은 간이 학교에서 사용할 책·걸상을 만들었고, 교육팀은 아이들을 가르쳤고, 식사팀은 60명이 먹을 음식을 준비했다. 뜨거운 날씨에 모두 벌겋게 익은 얼굴로 각자의 역할을 감당했다.

어떤 난민은 '우리는 기독교인의 도움을 받지 않겠다'는 문구를 붙여 놓았다. 그곳은 극우 무슬림이 모여 살던 곳으로 인도네시아에서 독립해 이슬람 공화국을 만들겠다고 선포한 지역이기에 복음이 들어가기 어려웠다. 이 지역에서 활동하는 구호 단체의 90%가 기독교 단체였지만 이들은 구호품과 구호금은 받으면서 기독교는 철저히 거부했다. 종교 활동을 하면 바로 신고해서 추방했기에 우리는 눈 뜨고 기도하거나 소리를 내지 않고 찬양하면서 예배를 드렸다.

난민 중엔 정신적인 고통을 받는 사람도 많았다. 어떤 사람은 쓰나미로 도망가는 중에 한 손에는 어머니 손을, 다른 한 손에는 자녀 손을 붙잡고 있다가 너무 힘들어 어머니 손을 놓아버렸다고 했다. 그는 꿈에서 어머니가 바다에 빨려 들어가는 모습을 매일 본다며 흐느꼈다. 이들의 공허함과 무기력함을 채울 수 있는 것은 오직 그리스도 예수뿐인데 예수님을 전할 수 없어 정말 안타까웠다. 구호 활동을 마치고 나오면서 멀라보에 비밀 교회를 한 곳 더 설립하고 눈물로 창립 예배를 드렸다. 예배가 끝나고 출발하는데 하나님께서 이런 마음을 주셨다.

나보고 사랑의 하나님이 맞냐고 따졌지. 내 가슴은 더 아프고 찢어진단다. 이렇게까지 하면서 이 지역의 영혼을 살리고자 하는 마음을 네가 이해할 수 있겠니?

주님께서 주신 마음을 모든 팀원에게 전하고 해변을 지나오다가 차를 세우고 모두 바다 가운데 들어가서 두 손을 들고 기도했다. '주님 이 산지를 우리에게 주소서. 이곳의 영혼을 품겠나이다. 이들을 섬기겠나이다.'

일을 행하는 여호와, 그것을 지어 성취하는 여호와, 그 이름을 여호와라 하는 자가 이같이 이르노라 너는 내게 부르짖으라 내게 네게 응답하겠고 네가 알지 못하는 크고 비밀한 일을 네게 보이리라.
렘 33:2-3

쓰나미가 휩쓸고 3년이 지난 2008년 7월. 기아대책과 함께 반다아체 어린이에게 영어와 컴퓨터 활용법을 가르치는 비전 학교를 설립했다. 준공식 순서는 이슬람 형식을 따라야 했다. 이슬람 랍비가 와서 코란을 읽고 한국에서 오신 목사님과 다른 방에 들어가 준공예배를 드렸다. 다음 날 마을을 걷다가 이곳에 세워진 현지 교회를 보고 깜짝 놀랐다. 모두 창문을 활짝 열고 마음껏 소리 내어 찬양하고 기도하는 모습을 보고 흘러내리는 눈물을 감당할 수 없었다.

'주님, 저들의 삶을 덮친 쓰나미에도 불구하고 이 마을을 부흥시

키기 원하셨나요. 그래서 수많은 기독교 단체가 들어와 활동하게 하셨나요. 이 땅을 위해 기도하게 하시고 이제는 주님의 교회를 세우셨군요. 이 땅의 영혼이 주님을 찬양합니다.'

그제야 구호 활동을 하던 당시에 주님께서 하신 말씀이 기억났다.

> 나는 빛도 짓고 어두움도 창조하며 나는 평안도 짓고 환난도 창조하나니 나는 여호와라 이 모든 일을 행하는 자니라 하였노라. 사 45:7

2008년엔 하나님의 은혜로 반다아체에 대형 교회가 여덟 곳이나 생겼다. 그런데 정부의 강경 이슬람 정책으로 네 곳이 문을 닫았다. 정부 허가를 받지 못한 작은 교회는 숨어서 예배를 드려야 한다. 반다아체 사람들은 정부의 단속을 피하기 위해 매주 장소를 변경하면서 예배를 드린다.

안타깝게도 반다아체에서 활동하던 여러 기독교 단체와 선교사는 거의 다 추방됐다. 우리가 운영하던 비전 학교도 결국 문을 닫고 2018년 12월에 현지 재단에 모든 소유를 이양했다. 공항도 모스크 형식으로 지어 이슬람 국가의 면모를 강조했다. 주님께서 문을 여셨으니 이를 닫을 자가 없을 것이라고 믿지만 복음 전파가 점점 어려워지고 있다.

먼저 주님의 부르심을 받은 우리가 그들을 위해 기도하고 주님께서 일해 주시길 간구해야 한다. 우리가 주님께 부르짖을 때 주님께서 구원의 역사를 다시 시작해 주시리라 믿는다.

> 주 여호와의 말씀에 나의 삶을 두고 맹세하노니 나는 악인의 죽는 것을 기뻐하지 아니하고 악인이 그 길에서 돌이켜 떠나서 사는 것을 기뻐하노라 이스라엘 족속아 돌이키고 돌이키라 너희 악한 길에서 떠나라 어찌 죽고자 하느냐 하셨다 하라. 겔 33:11

**Following
God**

3부

절대 멈출 수 없는 여행

: 숨바섬

1장

죽은 땅에서의
첫날밤

선교는 하나님을 따라가는 여행이다. 계획은 내가 세우지만 결국 나를 인도하는 분은 주님이다. 그 길에서 수많은 사람을 만나고 기적을 경험할 때마다 주님이 나와 함께 하심을 절실하게 느낀다. 대학 인수라는 여행이 끝나자 이번에는 또 어떤 여행지로 인도하실지 궁금했다. 교회 건축이 필요한 지역? 음식이 필요한 지역? 사람이 많은 지역? 결국 인도네시아에서 가장 어렵고 힘든 지역을 가야겠다고 마음먹었다.

숨바섬과의 첫 만남은 2007년으로 거슬러 올라간다. 안수집사로 인도네시아 자카르타 참빛 교회를 섬기던 때였다. 숨바섬으로 사역을 떠나기 전, 약 20년 동안 숨바섬의 영혼을 가슴에 품고 일해 오신 아놀드 목사님에게 미리 연락을 드렸다. 에어컨이 있고 맥도 날드나 피자헛 같은 식당과 가까운 숙소 예약과 공항 픽업을 부탁 했는데 지금 생각하면 숨바섬의 열악한 환경을 모르고 배부른 부탁 을 드린 셈이다.

우리는 자카르타에서 출발해 발리에서 숨바행 비행기를 갈아 탈 예정이었는데 비행기가 고장나 공항에서 8시간을 기다렸다. 간 신히 비행기는 출발했지만 숨바섬엔 전기 시설이 없어 숨바섬 옆에 있는 꾸빵섬에서 하루를 묵었다.

다음 날 아침이 돼서야 숨바섬 와잉아푸 공항에 도착했다. 하늘 에서 본 숨바섬은 메마른 황무지였다. 선교팀끼리 우스갯소리로 아 무래도 아프리카로 가는 비행기를 잘못 탄 것 같다고 할 정도였다. 설상가상으로 공항에서 우리를 기다리고 있던 차량은 사람이 앉을 수 있도록 널빤지를 놓아 개조한 트럭이었다. 숙소에는 에어컨이 없었다. 당연히 맥도날드나 피자헛 같은 식당도 없었다.

다음 날 아놀드 목사님께서 우리를 트럭에 태우고 3시간을 달려 뿔루빤장 마을에 도착했다. 가는 길에 지나친 산은 말라 죽었고 먼 지만 뿌옇게 날렸다. 아이들의 머리를 잘라 주려고 했더니 머리를

감아 본 적이 없어 가위가 들어가지도 않았다. 사탕을 나눠주니 난생처음 사탕을 본 아이들의 눈이 휘둥그레졌다. 사람들은 음식이 없어 굶주리고 있었다. 그들의 주식은 옥수수였는데 그마저도 우기에만(12월~2월) 농사지을 수 있었다. 하루 식사는 옥수수밥 한 끼가 전부였다.

그날 저녁, 아놀드 목사님은 해가 저물면 길이 어둡고 위험하니 뿔루빤장 마을에서 자고 다음날 돌아가자고 했다. 어느 마을 사람의 집에서 자려고 누웠는데 사람들이 우리가 자는 모습을 구경하러 모여들었다. 그 마을에 외국인이 들어와서 자는 경우가 처음이라 궁금했던 것이다.

뿔루빤장 사람들이 우리에게 덮고 자라며 숨바 전통 천으로 짠 담요를 줬는데 나중에 알고 보니 시신을 감싸던 천이었다. 그마저도 얇아서 새벽이 되자 너무 추워서 도저히 잠을 잘 수가 없었다. 산 속이라 기온은 더 떨어졌다. 결국 밖에 나와 마을 사람들이 만들어준 모닥불에 옹기종기 앉아 불을 쬐면서 밤을 새웠다.

처음에는 단기 선교만 하고 숨바섬과 이별할 계획이었다. 교통편도 없고 운전해서 들어가는 것도 너무 위험해 다시 갈 생각이 없었다. 그런데 자카르타에 돌아와서 기도하는 가운데 주님께서 계속 숨바섬의 영혼을 떠오르게 하셨다. 그들의 초롱초롱한 눈동자, 해

맑은 미소, 힘들고 어려운 삶 가운데서도 주님께 예배드리는 열정
이 도저히 잊히지 않았다. 주님께서 그들을 우리에게 붙여 주심을
느끼며 그들의 영혼을 품게 해 달라고, 그들을 섬길 수 있도록 해 달
라고 기도하기 시작했다.

그렇게 숨바섬을 향한 여정이 시작됐다. 아주 뜨겁고 끈끈한 여
행의 시작이었다.

주 여호와의 신이 내게 임하셨으니 이는 여호와께서 내게 기름을
부으사 가난한 자에게 아름다운 소식을 전하게 하려 하심이라 나
를 보내사 마음이 상한 자를 고치며 포로된 자에게 자유를, 갇힌 자
에게 놓임을 전파하며. 사 61:1

2장

예배로
변하는 땅

숨바섬은 하나님의 은혜가 간절한 땅이다. 지리적·영적으로 황무지 같은 땅이다. 한국의 몇몇 교회와 숨바섬 이야기를 나눴고 2009년 가좌제일교회를 시작으로 여러 교회 선교팀과 숨바섬 사역을 시작했다.

숨바는 인도네시아 발리에서 비행기로 두 시간 들어가야 하는 섬으로, 제주도의 다섯 배 크기다. 동숨바, 중숨바, 서숨바로 나누어져 있는데 서숨바는 비옥한 반면 동숨바는 척박하다. 숨바섬 사람들의 30%는 기독교, 10%는 이슬람교, 나머지 60%는 정령 신앙을 믿는다. 마을에 먼저 유입되는 종교가 그 마을의 종교가 되기 때문에 우리는 한 마을이라도 먼저 들어가 복음을 전하려고 노력한다. 우리가 사역하는 곳은 전기, 병원 등 아무런 문명이 들어온 적 없는 산속 마을이다.

동숨바 와잉아푸 공항에서 차로 2시간 정도 들어갔더니 뿔루빤장 마을이 나왔다. 차가 들어가지 못하는 마을은 세네 시간 정도 걸어야 한다. 어떤 마을 입구에는 돌무더기가 쌓여 있었다. 마을 사람들은 돌무더기를 마을 수호신으로 여겨 비 오는 날이면 짐승을 잡아 돌무더기에 피를 뿌리면서 제사를 지냈다.

이들의 장례 의식은 꽤 충격이었다. 뿔루빤장에서는 사람이 사망하면 동물을 죽여 죽은 영혼을 위로했다. 내가 본 장례식에서는 말이 선택됐다. 말을 사방에 밧줄로 묶고 당긴 다음 말이 쓰러지면 옆구리를 열어 심장을 꺼내 죽은 사람의 관 위에 올려놓았다. 저승길에 친구를 만들어주기 위한 의식으로 재력에 따라 부자는 여러 동물을, 가난한 사람은 새 한 마리 정도를 사용한다.

고통당하는 건 동물뿐만 아니었다. 아직 외국인이 한 번도 들어간 적이 없는 마을, 출생 신고도 못하고 배고픔과 질병으로 고통 받는 수많은 영혼을 만났다. 아이들은 말이나 소에 물통을 매고 4시간씩 산 밑으로 내려가 물을 길었다. 시신을 집에 보관하는 관습이 있어 어떤 집은 시신을 네 구나 모시고 살았다. 그 집에선 11년, 6년, 5년, 3년 된 시신을 모시고 하루 세 차례 제삿밥을 차렸다.

숨바섬은 복음이 절대적으로 필요한 지역이었다. 그리스도의 사랑과 은혜로 섬겨야만 하는 영혼이었다. 우리는 각 마을을 찾아다니며 그리스도가 누구신지, 무엇 때문에 이 땅에 오셨고, 누구를 위하여 십자가에서 피 흘리고 돌아가셨는지, 장사한 지 사흘 만에 부활하시어 하늘에 오르고 누구에게 성령님을 보내주셨는지 이야기했다. 기근에서 벗어날 수 있는 육의 양식도 필요하기에 식량과 많은 물품을 전달했다. 아직 산속까지 이슬람교가 전해지지 않아 언제든지 마을 사람들을 모아놓고 예배할 수 있어서 참 감사했다.

숨바섬 교회는 지푸라기로 만들어져서 정말 허름하다. 나뭇가지로 엉성하게 만들어 금방 넘어질 듯한 강대상, 의자가 없어 그냥 진흙 바닥에 앉아야 하는 예배당이다. 기타나 전기도 없어서 그냥 손뼉 치며 찬양하고 목소리를 높이 외쳐야 하는 예배다.

하지만 숨바섬 사람들의 찬양은 웅장한 현대식 건물에서 최신식 음향 장비를 갖춘 어떤 교회의 찬양보다 더 뜨겁고 간절하다. 그곳엔 예배의 기쁨이 넘친다.

우리는 에어컨이 잘 나오는지, 스피커의 잡음이 심하지는 않은지, 마이크 음질은 좋은지 나쁜지, 조명은 어둡지 않은지 등 예배 외적인 요소에만 집중할 때가 있다. 대신 가장 소중한 예배의 기쁨을 놓친다. 그럴 때마다 숨바섬의 예배를 생각한다. 예배에 가장 필요한 것은 무엇일지, 하나님은 어떤 예배를 받으실지.

아버지께 참으로 예배하는 자들은 신령과 진정으로 예배할 때가 오나니 곧 이때라 아버지께서는 이렇게 자기에게 예배하는 자들을 찾으시느니라. 요 4:23

3장

언제까지 사람을 보고
일할 것이냐

숨바섬 사람들에게 가장 필요한 건 의료 서비스다. 뿔루빤장에는 병원이 없어 사람들은 온갖 질병으로 고통 받다가 그대로 죽는 경우가 다반사다. 그래서 말랑 지역에서 두 차례 의료 선교를 한 오륜교회 선교팀에게 한 번만 숨바섬으로 와 달라고 부탁했다. 환경이 너무 열악했기 때문에 선교팀은 몇 차례 의논을 거듭한 후 숨바행을 결정했다.

드디어 2011년, 오륜교회 선교팀과 통역팀까지 모두 49명이 숨바섬으로 오기 위해 발리에 도착했다. 발리에서 숨바섬 와잉아푸까지 가는 비행기를 타려는데 공항 데스크에서 좌석이 모두 취소되어 다음 주 항공편으로 바뀌었다는 청천벽력 같은 이야기를 들었다. 알고 보니 항공사에서 오버부킹을 해 놓고 임의로 항공편을 변경한 것이다. 숨바섬에서는 마을 사람들이 3일째 기다리고 있다는 연락이 왔다.

우리는 공항 잔디밭에서 무릎 꿇고 기도했다. 무려 3시간 동안 외국인 50여 명이 울면서 기도하는 모습이 현지인에게 신기하게 보인 모양이다. 발리 공항 관제탑 사령관이 퇴근하다가 무슨 일인지 물어보길래 상황을 자세히 설명했더니 전세기를 타는 건 어떻겠냐고 제안했다. 그는 돈만 준비되면 다음 날 아침 당장 떠날 수 있도록 도와주겠다고 했다. 전세기 한 대를 사용하는 비용은 선불로 5만 달러_{한화 약 6천만 원}였다.

숨바섬으로 가고 싶은 마음은 간절했지만 현실적으로 너무 비쌌다. 고민하다가 선교팀을 모아 놓고 숨바섬 사역을 포기하자고 이야기했다. 그런데 갑자기 옆에서 기도하던 아내가 나를 툭툭 쳤다. "하나님께서 나한테 '너희가 영혼을 사랑하냐 돈을 사랑하냐'고 묻고 계셔. 우린 어떻게든 무조건 숨바섬에 들어가야 해."

결국 전세기를 띄우기로 하고 숙소로 돌아오는데 한 집사님이 나에게 다가왔다. "선교사님, 하나님께서 우리에게 5만 달러로 숨바섬 영혼을 돕게 하신 거예요. 울지 마세요. 우린 선교사님을 전적으로 믿어요. 선교사님이 가자면 갈 거고, 가지 말자고 하면 안 갈 거예요." 나는 집사님께 건성으로 대답하고 대화 내용을 잊어버렸다.

나는 도저히 선교팀을 쳐다볼 수가 없었다. 모든 것이 나의 부족으로 생긴 일 같았고 선교사로서 생명도 끝난 것 같았고 오륜교회와는 더 이상 함께 동역할 수 없을 것 같아 좌절했다. 숙소로 돌아오면서 어떻게 돈을 구할지 걱정하고 있었는데 주님께서는 역시나 필요한 사람을 미리 준비해 두고 계셨다.

한 사람은 지금은 하늘나라에 먼저 간 처남 김성구 집사였고, 다른 한 사람은 건성으로 교회를 다니는 장훈 집사였다. 세상 속에서 사는 것을 더 좋아하는 두 사람이었기에 선교에 동참하리라고 생각지도 못했고, 사역에 방해가 되지 않을까 하는 걱정도 있었다. 그런데 그들이 돈을 구해보겠다고 지원했다. 두 사람은 발리에 있는 한국인들을 밤새도록 찾아다니며 5만 달러를 구해왔고 마침내 우리는 숨바섬으로 출발할 수 있었다.

> 사람이 감당할 시험 밖에는 너희에게 당한 것이 없나니 오직 하나님은 미쁘사 너희가 감당치 못할 시험 당함을 허락지 아니하시고 시험 당할 즈음에 또한 피할 길을 내사 너희로 능히 감당하게 하시느니라. 고전 10:13

하지만 아무도 몰랐다. 사람들이 비행기에서 마음껏 찬양하며 기도하는 와중에 선교사이자 목사인 나는 돈을 낭비하고 있다는 생각을 버릴 수가 없었다는 것을. '선교도 좋고 영혼 사랑도 좋지만 좀 계획적으로 행동해야 하지 않을까. 5천 달러면 교회를 건축할 수 있는데 5만 달러를 들여서 숨바섬으로 간다고? 상황이 여의치 않으면 다음에 가도 되는데 꼭 이렇게까지 해야 하나.' 나는 뒷좌석에 앉아 속으로 말했다.

'이게 무슨 낭비람(what a waste)!'

5만 달러가 아니라 50만 달러가 들더라도

불편한 마음으로 숨바섬에 도착해 의료 봉사를 시작했다. 그런데 정말 놀라운 일이 벌어지기 시작했다. 숨바섬의 산속 마을 사람들은 석회 성분이 많은 식수를 마셔서 몸에 혹이 많았다. 선교팀은 교회 한쪽 구석에 지푸라기로 간이 수술실을 만들고 혹을 잘라내는 수술을 했다.

그런데 수술을 받은 사람들의 입에서 예수님을 향한 고백이 나왔다. "저 사람들이 예수 믿는 사람들이라는데 그 예수가 나를 고쳤대." 40년 동안 옆구리에 30센티미터짜리 큰 혹을 가지고 있던 사람은 혹이 없어진 걸 보고 너무 고마운데 보답할 수 있는 것이 아무것도 없다며 우리를 붙잡고 울었다.

선교팀에 동행한 외과 의사는 성형외과 전문의였다. 그는 선교를 한 번도 가본 적이 없었고 개인 병원을 개업한 지 한 달밖에 되지 않았다. 성형외과는 여름방학이 성수기라 선교를 포기할까 고민했지만 장로님께서 함께 가야 한다고 강권하셔서 할 수 없이 오신 분이었다.

그런데 하나님께서 그의 손을 미다스의 손으로 만드셨다. 먼지가 많고 감염되기 쉬운 환경에서 수술했지만 상처가 빨리 회복되는 것을 보며 그도 깜짝 놀랐다. 그는 환자 한 명 한 명을 위해 기도하며 수술했다. 수술할 수 없는 환자는 끌어안고 기도했다. 아픈 사람들이 치료받자 마을이 발칵 뒤집어지기 시작했다. 그들이 예수를 영접하는 광경을 보고 내 마음도 완전히 뒤집어졌다. 우리를 쫓아내던 다른 마을에서도 마음의 문을 활짝 열기 시작했다.

저녁이 되자 마을 사람들과 예수님을 다룬 영화를 보고 그들에게 부채춤도 알려주면서 시간을 보냈다. 그러다 우연히 하늘을 쳐다보았는데 새빨갛게 물든 하늘에 구름이 엄청 빠르게 움직이고 있었다. 순간 성령이 오순절에 마가의 다락방에 임했던 장면이 떠올랐다. 숨바섬에도 성령이 불같이 강하게 임하는 것 같았다. 우리는 마을 사람들을 붙잡고 기도했다. 성령님은 언어의 장벽을 초월해 그들의 영혼을 어루만져 주셨다.

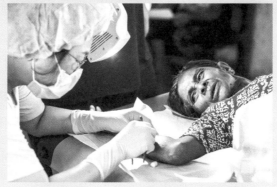

영혼 구원에는 낭비가 없다. 나는 세상의 관점으로 가성비를 따졌지만 주님의 관점은 달랐다. 하나님은 영혼 구원을 위해 하나밖에 없는 독생자를 이 땅에 보내셨다. 세상의 관점으로 보면 낭비였지만 하나님 나라의 관점으로 보면 가장 강력한 선교였다. 하나님은 우리를 너무 사랑하셔서 가장 귀한 것을 희생하셨다. 하나님께서는 5만 달러가 아니라 50만 달러가 필요하더라도 기꺼이 영혼을 구원하길 원하신다. 모든 선교에는 절대 낭비가 없다.

> 내가 진실로 진실로 너희에게 이르노니 나를 믿는 자는 나의 하는 일을 저도 할 것이요 또한 이보다 큰 것도 하리니 이는 내가 아버지께로 감이니라. 요 14:12

주님이 아닌 사람을 의지한 결과

의료 사역을 성공적으로 끝내고 돌아와서 교회 건축을 준비했다. 마침 한국에 잠시 방문했다가 한 건축회사 회장님인 장로님을 만났는데 숨바섬 교회 건축에 대해 말씀드렸더니 "선교사님, 재정은 걱정하지 마시고 마음껏 건축하세요. 제가 모든 비용을 부담하겠습니다"라는 답변이 돌아왔다.

속으로 할렐루야를 외쳤다. 의료 사역을 하는 동안 두 곳에 교회를 건축하기 위해 장소를 물색했다. 장로님께 일단 1만 달러가 필요하다고 말씀드렸더니 급하게 전화를 끊으셨다. 아무리 연락을 드려도 전화를 받지 않으셨다. 기대했던 마음이 갑자기 무너졌다. 새벽에 엎드려 기도하는데 주님께서 말씀하셨다.

너, 입술로는 나만 믿는다면서 언제까지 사람을 보고 일할래?

사실 나는 장로님의 12층 건물을 꽉 잡고 있었다. 설마 큰 빌딩을 가지고 계신 장로님께서 그만한 돈도 마련하지 못하실까 하는 마음에 기도는 형식적으로만 했다. 장로님의 약속만 믿고 있던 나를 보고 주님께서 그 길을 완전히 막으셨다.

어쨌든 돈은 마련해야 했기에 먼저 집에 있는 돈을 모았다. 4천 5백 달러였다. 그 돈을 숨바섬 현지 목사님께 보내 드리고 일단 교회 건축을 시작하라고 말씀드렸다. 부족한 5천 5백 달러를 채우기 위해 여기저기 알아봤지만 소용없었다. 마지막으로 페이스북에 교회를 건축하는 데 5천 5백 달러가 부족하다는 글을 올렸다. 그런데 한 시간도 안 되어 오륜교회 선교 팀장님에게 전화가 왔다.

"하나님은 정확하고 놀라운 분이에요. 전에 우리가 헌금을 모아 선교사님께 5만 달러를 보내 드렸잖아요. 그런데 돈이 남아서 어떻게 사용할까 회의하던 중이었어요. 놀랍게도 남아 있는 돈이 딱 5천

5백 달러예요. 이 돈으로 숨바섬의 교회 건축을 마무리해 주세요."

놀랍도록 세심하신 하나님. 왜 사람을 보고 일하지 말고 주님만 보고 나아가라고 하는지 이해할 수 있었다. 우리는 주님께서 일하실 공간은 만들어 놓지 않고 내 뜻과 계획대로 움직일 때가 있다. 그럴 때마다 하나님은 침묵하신다. 우리가 주님만 신뢰하고 주님의 뜻을 구할 때 비로소 직접 일하신다. 그 타이밍엔 한 치의 오차가 없다.

> 그들의 수고가 헛되지 않겠고 그들의 생산한 것이 재난에 걸리지 아니하리니 그들은 여호와의 복된 자의 자손이요 그 소생도 그들과 함께 될 것임이라 그들이 부르기 전에 내가 응답하겠고 그들이 말을 마치기 전에 내가 들을 것이며. 사 65:23-24

4장

단 한 명

숨바섬 아이들에게는 유독 마음이 갔다. 그동안 아이들에게 오랜 시간을 쏟는 게 부담스러워서 머뭇거렸는데 숨바섬에서 만난 따마르는 좀 달랐다. 다섯 살 따마르를 만난 건 2013년이다. 따마르는 구순 구개열이 심해 친구들에게 따돌림을 당하고 혼자 지냈다. 감사하게도 하나님께서 기아대책의 후원으로 따마르가 한국에서 수술을 받을 수 있는 길을 열어 주셨다. 어렵게 따마르와 따마르 어머니의 여권을 만들고 한국으로 출발하던 날, 따마르가 검은색 비닐봉지를 건네주었다. 삶은 달걀 5개가 들어 있었다. 따마르의 순수하고 깨끗한 마음이 그대로 우리에게 전해졌다.

따마르 모녀에겐 비행기를 타는 일부터 모든 것이 새로웠다. 비행기에서 안전벨트를 풀 줄 몰라 화장실도 못 갔을 뿐더러 인천 공항을 보고 우리 집이냐고 물었다. 공항 화장실 밖에 신발을 벗어놓고 변기 안에 있는 물에 손을 닦기도 했다. 우리에게는 너무 당연한 일이 이들에게는 생소할 수도 있다는 걸 잠시 잊었다. 미리 알려줬다면 따마르 모녀가 덜 창피했을 텐데 괜히 미안했다.

서울대 병원에서 따마르가 치료 받는 동안 우리 부부는 잠시도 그들과 떨어져 있을 수 없었다. 따마르 모녀는 엘리베이터를 탈 줄 몰랐고 에스컬레이터는 더욱 무서워했다. 따마르 어머니의 식사도 따로 챙겨 주어야 했기에 점점 다른 일이 우선순위에서 밀렸다. 나는 어린이 한 명을 위해 4주를 할애하는 게 맞는지 계산했다. 그래도 한국에 있는 동안 많은 추억거리를 만들어 주고 싶어서 놀이공원과 동물원, 수족관 등 많은 곳에 데리고 다녔다. 따마르 모녀가 기뻐하고 즐거워하는 모습을 보면서 불편한 마음을 달랬다.

따마르는 수술을 무사히 마치고 선물 보따리를 한아름 들고 숨바섬으로 돌아갔다. 숨바섬 공항에는 마을 사람들이 40명이나 마중을 나와 있었다. 이들은 수술한 따마르를 보고 너무 놀라 따마르의 얼굴을 계속 만졌다. 그때부터 마을 사람들이 열심히 교회에 나와 따마르를 고쳐주신 주님을 찬양하며 감사드렸다. 한 영혼이 천하보다 귀하다고 하신 말씀이 가슴에 깊이 물들었다. 나는 따마르와 보낸 시간을 세상의 시선으로 판단하고 저울질했던 마음을 반성했다.

> 너희 생각에는 어떻겠느뇨 만일 어떤 사람이 양 일백 마리가 있는데 그 중에 하나가 길을 잃었으면 그 아흔 아홉 마리를 산에 두고 가서 길 잃은 양을 찾지 않겠느냐. 마 18:12

닝시의 소원

2015년 여름, 산꼭대기에 있는 한 마을의 목사님이 닝시를 위해 기도해달라고 부탁했다. 열세 살 닝시가 6개월 전부터 복수가 차기 시작하더니 아무것도 먹지 못하고 앙상한 가죽만 남았다고 했다.

우리는 닝시와 닝시 어머니를 발리로 데리고 나와 큰 병원에서 검사를 받게 했는데 이미 위암이 온몸에 퍼졌다고 했다. 의사는 더 이상 방법이 없다고 했다.

닝시가 말했다. "선교사님, 절대로 미안해하지 마세요. 저는 지난 나흘이 너무 행복했어요. 비행기도 처음 타보고 좋은 집에서 지내고 TV랑 에어컨도 구경하고 맛있는 음식도 먹어봤어요. 저는 죽어서 하늘나라에 가니까 나중에 거기서 만나요."

참았던 눈물이 주룩주룩 쏟아지고 말았다. 말랑으로 돌아와서도

닝시 생각이 계속 떠올라 암에 좋은 약과 고단백질 영양제를 보내주었다. 결국 그해 성탄절을 며칠 앞두고 닝시가 주님께 돌아갔다는 연락을 받았다. 주님을 원망했다. 그렇게 기도했는데 왜 고쳐주지 않으셨는지. 왜 주님을 사랑하는 소녀를 먼저 데려가셨는지.

다음 해 1월, 닝시가 살던 마을 교회에서 예배드리다가 그동안한 번도 교회에 나오지 않았던 닝시 부모가 맨 뒷자리에 앉아 있는것을 발견했다. 예배 후 닝시 부모가 나를 붙잡고 말했다. "그때 닝시가 발리에 가서 너무 기뻐했어요. 닝시는 우리 가족이 하늘나라에서 만나려면 엄마 아빠도 꼭 교회에 나가야 한다고 말했어요." 주님은 닝시를 통해 그 가족을 구원하셨다. 또 한 번 주님의 방법으로주님의 때에 일하셨다.

> 가로되 주 예수를 믿으라 그리하면 너와 네 집이 구원을 얻으리라
> 하고. 행 16:31

안드레아스의 의안과 뿌뜨리의 아버지

2019년 9월에는 동숨바 마을에서 열 살 안드레아스가 오른쪽 눈없이 피를 흘리고 있는 걸 발견했다. 몇 달 전에 놀다가 넘어지면서나뭇가지가 오른쪽 눈동자를 뚫고 들어간 것이다. 부모는 의학 상

식이 없어 나뭇가지를 잡아당겼고, 뽑혀 나온 눈동자를 잘라 버린 후 방치하고 있었다.

눈동자가 나온 부분은 곪아 터져 진물이 나오고 있었다. 바로 안드레아스를 발리로 데리고 나와 오른쪽 안구를 수술해 주었다. 의안을 넣어주고 싶었지만 병원에서 거부했다. 자카르타의 여러 병원에도 문의했지만 얼굴 전체를 성형해야만 안구를 넣을 수 있다며 수술을 거부했다.

마지막으로 한 병원에 데리고 갔는데 거기서도 수술은 해주지 않았다. 대신 특수 안구 제작소를 알려줬다. 마지막 희망을 품고 제작소를 찾아갔더니 의안을 안구 안에 넣는 것은 불가능하지만 의안을 안경테에 연결하는 방법은 가능하다고 했다. 안드레아스는 그렇게 특수 의안을 갖게 됐다. 안드레아스는 이제 멋진 안경과 의안을 달고 주님을 증거한다. 학교에서 친구들과 선생님들이 어떻게 된 일이냐고 물으면 안드레아스는 이렇게 대답한다고 한다.

"예수님께서 해 주셨어요!"

나더러 주여 주여 하는 자마다 천국에 다 들어갈 것이 아니요 다만 하늘에 계신 내 아버지의 뜻대로 행하는 자라야 들어가리라. 마 7:21

복음이 한 번도 들어가지 않은 남숨바 까리따 마을에서는 구순구개열이 심한 네 살 뿌뜨리를 만났다. 기도하며 여러 방면으로 알아보다가 기아대책의 후원으로 신촌 세브란스 병원에서 수술을 받게 되었다. 뿌뜨리는 뿌뜨리 아버지와 함께 한국에 와서 약 3주 동안 외래 치료를 받았다. 뿌뜨리 아버지는 신앙이 없었기 때문에 매번 예배드릴 때마다 밖에 나가 담배만 뻐끔뻐끔 피웠다.

한 달 후에 까리따 마을에서 와 달라는 연락이 왔다. 무슨 일인가 싶어 마을을 찾아갔더니 뿌뜨리 아버지가 온 친척을 다 모아놓고 말했다.

"이제부터 우리 가정은 예수 그리스도를 믿겠습니다. 모든 친척은 우리가 예수 그리스도를 믿는 것을 방해하지 말아 주세요. 선교사님 부부는 아무 상관도 없는 우리 가정을 찾아와 뿌뜨리를 한국에 데리고 가서 수술을 받게 해주셨어요. 이분들이 왜 이렇게까지 하셨을까 곰곰이 생각해 봤는데 그건 예수 그리스도 때문이었어요. 제 땅을 드릴 테니 우리 마을의 첫 번째 교회를 지어 주세요. 그래야 마을 사람들도 예수 그리스도를 알게 될 테니까요."

까리따 마을은 뿌뜨리를 통해 구원의 역사가 시작되었다. 지금은 그곳에 첫 번째 교회가 세워졌고 마을 사람들 100여 명이 주님을 영접하고 예배를 드린다.

우리가 삶 속에서 예수를 나타낼 때 많은 사람이 예수 그리스도를 만나게 된다. 진정한 예수를 드러내지 못한다면 죽은 그리스도인이다. 살아 있는 그리스도인이라면 그리스도의 향기를 감출 수 없다.

이같이 너희 빛을 사람 앞에 비취게 하여 저희로 너희 착한 행실을 보고 하늘에 계신 너희 아버지께 영광을 돌리게 하라. 마 5:16

5장

어두운 영의 땅

"선교사님! 이 여자에게 귀신이 들렸어요. 기도 좀 해주세요!" 2015년 1월, 숨바섬에서 한 한국 교회의 대학부와 함께 사역을 하고 있는데 현지 사역자가 소리쳤다. 숨바섬은 정령 숭배 신앙이 지배적이라 어두운 영에게 사로잡혀 있는 지역이다. 귀신 들린 자매를 위해 우리 팀 모두가 합세해서 열심히 기도했다. 팀원들과 손을 잡고 함께 기도하던 중 한 청년이 갑자기 쓰러졌다. "앞이 보이지 않아요. 귀에서 이상한 소리가 들려요. 누가 제 귀 좀 잘라주세요!"

청년은 엉금엉금 기어 다니면서 두 손으로 귀를 막고 소리를 지르기 시작했다. 힘이 얼마나 센지 여러 명이 눌러도 뿌리치고 여기 저기 기어 다니면서 계속 소리를 질렀다. 이틀 후 청년은 희미하게 앞이 보인다고 했다. 그런데 이번엔 다른 자매가 갑자기 쓰러지더니 앞이 안 보인다고 했다. 자매는 두 손으로 귀를 막고 소리 지르기 시작했다. "너희들 여기 왜 왔어, 누가 여기 오라고 했어? 빨리 가, 안 가면 다 죽여 버릴 거야!"

옆에 있던 현지 사역자가 인도네시아어로 다시 물었는데 한국에서 온 자매가 유창한 인도네시아어로 똑같이 외쳤다. 아무래도 며칠 전 귀신 들린 자매를 위해 기도할 때 악한 영이 들어온 것 같았다. 다시 자매를 붙잡고 기도했다. 귀를 막고 있는 두 손을 내리고 선포했다. "넌 하나님의 자녀야, 네가 먼저 기도해야 해, 악한 영에게 지면 안 돼."

나중에 그 자매가 간증했다. "악한 영이 저를 둘러싸서 꼼짝할 수 없었어요. 그대로 얽매어 있었는데 선교사님과 팀원들이 기도해 주는 소리가 들렸어요. 다시 힘내어 기도하기 시작하니 악한 영이 물러나는 것을 느꼈어요."

사역하는 동안 낮에는 일정에 따라 각 마을을 돌아다녔고 밤에는 다 같이 철야기도를 했다. 청년들이 너무 힘들어하는 것 같아서

사역을 잠시 중단하고 기도에만 전념할까 고민했는데 청년들이 말했다. "선교사님, 이번 우리의 선교 비전이 예배자입니다. 어떠한 상황에서도 예배를 멈추지 않겠습니다. 아무리 몸이 힘들어도 지금처럼 나아가겠습니다."

지쳐서 쓰러진 그들을 보면서 마음이 무거워졌다. 이들이 혹시 치유되지 않고 한국으로 돌아간다면 그들의 부모에게 뭐라 말할 수 있을까. 열심히 찬양하고 기도하던 청년이 악한 영의 공격으로 앞도 보지 못한 채 돌아간다면 그들을 어떻게 마주할 수 있을까. 주님께 모든 청년을 치유해 달라고 매달릴 수밖에 없었다. 마침 청년들의 소속 교회 집사님께서 이런 문자를 보내셨다. "선교사님, 절대로 지지 마세요. 오늘 새벽부터 교회에서 1,000명이 모여 청년들의 이름을 하나하나 불러가며 기도하기 시작했어요. 절대로 지지 말고 꼭 승리하세요."

결국 주님께서는 아픈 청년들을 모두 회복시켜 주셨다. 주님께서는 우리가 어떠한 상황에서도 예배를 쉬지 않고 주님 앞에 나아오기를 원하셨던 것이다. 이것이 중보 기도를 해야 하는 이유이자 중보 기도의 능력이다. 우리가 선교지와 어려운 영혼을 위해 기도해야 하는 이유다. 우리가 함께 중보 기도로 동참할 때 영적 전쟁에서 승리할 수 있다. 선교는 후원이 아니라 동참이다. 경제적인 후원은 형편에 따라 할 수도 있고 못 할 수도 있지만, 기도로는 언제든 동참할 수 있다.

> 우리의 씨름은 혈과 육에 대한 것이 아니요 정사와 권세와 이 어두움의 세상 주권자들과 하늘에 있는 악의 영들에게 대함이라. 엡 6:12

그리스도인, 생명을 나누는 사람

그동안 숨바섬 사역을 하면서 사람들에게 많은 것을 나누어 주었다. 그들이 필요한 것은 어떻게든 채워주고자 했다. 하지만 그것은 선교의 전부가 될 수 없었다. 선교는 그 지역을 붙잡고 있는 악한 영의 권세를 끊어버리고 사람들이 그리스도 안에서 자유를 얻을 때 완전해진다.

세상의 어떤 신이 인간을 위해 대신 죽고 그 생명을 인간에게 주는가. 주님께서는 십자가에서 돌아가시면서 자신의 생명을 우리에게 선물해 주셨다. 우리의 가슴에는 새로운 생명이 꿈틀거린다. 그 생명을 나누어 주는 사람이 진정한 그리스도인이다. 물질만 전하는 건 불우 이웃 돕기지 선교가 아니다.

그리스도인은 착한 사람이나 선한 사람으로 만족하면 안 된다. 교회도 마찬가지다. 생명을 나누어 주지 못하는 교회는 자선 단체나 친목 단체이지 절대로 교회가 아니다. 교회의 본질은 죽어가는 영혼을 살리는 것이다.

에스겔 47장에 생수의 강 이야기가 나온다. 성령의 물은 발목, 무릎, 허리를 거쳐 우리로 하여금 성령을 경험케 한다. 우리가 성령 안에서 완전히 안식하고 헤엄치면 생수의 강이 범람하여 사해 바다로 흘러 들어가 물고기와 나무가 살아나고 많은 열매를 맺게 된다.

모든 기독교인은 각자 자기 안에 있는 생수의 강을 범람시켜야만 한다. 그래야 죽은 영혼에게 새로운 생명을 공급할 수 있고, 그들이 열매를 맺어 또 다른 영혼에게 약재를 공급할 수 있다. 이것은 기독교인만 가진 절대 특권이자 의무이고 책임이다.

> 명절 끝날 곧 큰날에 예수께서 서서 외쳐 가라사대 누구든지 목마르거든 내게로 와서 마시라 나를 믿는 자는 성경에 이름과 같이 그 배에서 생수의 강이 흘러나리라 하시니. 요 7:37-38

오랑 길라

2016년 2월, 한국 누가회Christian Medical Fellowship Korea에서 숨바섬으로 의료 선교를 왔다. 선교팀이 요청한 통역사 6명 중 3명이 부족했다. 도움은 생각지도 못한 곳에서 왔다. 함께 일하던 현지 여행사 직원이 숨바섬 사역에 함께 가겠다고 했다. 그는 독실한 무슬림이었는데 평소 숨바섬 사역이 궁금했다며 영어를 잘하는 친구 2명과 함께 오겠다고 했다.

선교팀이 도착하는 날 발리 공항에 픽업하러 갔는데 짐 몇 개가 도착하지 않았다. 자카르타에서 경유할 때 약품이 발견되어 자카르타 세관에 압수됐다고 했다. 그 약품이 없으면 사역이 불가능했다. 발만 동동 구르고 있을 때, 마침 각 항공사 직원과 친분이 두터웠던 여행사 직원의 도움을 받을 수 있었다. 내가 할 수 있는 일은 전혀 없었다.

통역을 도와준 여행사 직원과 그의 친구들은 숨바섬에서 어린이 사역도 함께했다. 그들은 매일 아침과 저녁에 선교팀의 예배와 기도 모임에 참석하면서 그리스도인의 모습을 보았다. 모든 사역을 마치고 돌아가기 전에 이들에게 소감을 물었다. 그가 말했다.

"그동안 우리는 기독교인을 무시했어요. 그런데 숨바섬 깊은 골짜기까지 와서 봉사하는 여러분을 보면서 기독교인을 정말 존경하게 되었어요. 인도네시아인조차 들어오지 않는 땅인데 현지인의 집에서 지내고 이들을 치료하는 모습을 보며 예수의 사랑이 무엇인지 조금이나마 느낄 수 있었어요. 여러분이 이곳을 섬겼던 이야기를 다른 무슬림 친구들에게 전할게요."

무슬림과 함께 하는 사역은 한 번도 상상해 본 적이 없었지만 주님의 생각은 달랐다. 고레스 왕을 통해 주님의 뜻을 행하셨듯이 주님은 영혼을 구원하기 위해 누구라도 사용하시는 분이다. 모든 것을 연합해 뜻을 이뤄나가시는 분이다.

우리가 알거니와 하나님을 사랑하는 자 곧 그 뜻대로 부르심을 입은 자들에게는 모든 것이 합력하여 선을 이루느니라. 롬 8:28

라밍깃 마을 사람들이 지어준 별명

우기가 시작되던 2017년 1월엔 외부에 전혀 알려지지 않은 라밍깃 마을에 들어갔다. 이곳은 현지 사역자가 숨바섬 전도 여행 중 발견한 마을이다. 한국에서 온 대학 선교팀 30명과 함께 마을을 찾았다. 원래는 산등성이까지 차량으로 이동해 1시간 반 정도 걸어갈 계획이었지만 비바람이 너무 심해 차가 조금도 움직일 수 없어서 처음부터 걸어가기로 했다. 들어갈 때 3시간 반, 나올 때 3시간 반이 걸리는 오지 마을이었다. 오솔길을 한 줄로 걸어갔는데 양쪽은 낭떠러지라 정신을 바짝 차려야 했다. 중간중간 뻘 같은 진흙길도 건너갔다. 진흙에 한 번 빠지면 신발이 점점 무거워져서 걷기 힘들었다.

라밍깃 사람들은 인도네시아 사람도 오지 않는 이곳에 외국인이 온 게 신기하다며 우리를 구경했다. 인도네시아어를 모르는 사람이 많아 현지 사역자가 인도네시아어를 동숨바어로 통역했다. 우리는 마을 사람을 한 명씩 붙잡고 기도했다. 언어가 통하지 않아도 성령님이 그들의 마음을 만져주셔서 17명이 주님을 영접했다.

지금은 라밍깃에 교회를 짓고 있다. 아직 공사가 끝나지 않은 교회에 40여 명이 모여서 예배를 드린다. 사람들이 나와 아놀드 목사님에게 만들어준 별명이 있다. '오랑 길라', 미친 사람이란 뜻이다. 비바람을 뚫고 진흙탕에서 두 다리를 힘겹게 빼가며 라밍깃으로 걸어갔던 우리는 미친 게 맞다. 하나님께서 우리에게 잃어버리고 소외되고 버려진 영혼을 향한 특별한 마음을 주신 덕분이다. 남들이 아무리 미쳤다고 해도 이 길을 포기할 수 없다.

오직 여호와를 앙망하는 자는 새 힘을 얻으리니 독수리의 날개치며 올라감 같을 것이요 달음박질하여도 곤비치 아니하겠고 걸어가도 피곤치 아니하리로다. 사 40:31

7장

보이는 것과
보이지 않는 것

10여 년 동안 동숨바를 집중적으로 사역하다 보니 서숨바 지역으로 사역지를 넓히고 싶었다. 서숨바 사람들은 거칠고 전투적인 특성이 있어 혼자 사역하기 어려울 것 같아 동역자를 찾고 있었다. 동숨바에서 의료 사역을 할 때 마침 서숨바에서 왔다는 현지 사역자가 우리에게 말을 걸었다. "당신들이 여러 해 동안 동숨바에서 의료 사역을 했다고 들었습니다. 혹시 우리와 함께 서숨바 지역에서 일하지 않겠어요?"

그들은 서숨바에서 30년 동안 사역하고 있었는데 그곳은 심하게 낙후된 지역이었다. 만약 도시나 큰 길에서 사역을 했다면 동역하고자 하는 마음이 생기지 않았을 것 같다. 2018년 1월, 한국에서 온 의료 선교팀과 함께 서숨바 사역을 시작했다. 서숨바 사람들은 전통 환각제인 시리 삐낭도 많이 피웠고 아이들은 씻지 못해 얼마나 꾀죄죄한지 선뜻 안아주지 못할 정도였다.

마을 학교는 정부 공식 인가를 받았지만 정부에서 건물을 지어주지 않아 대나무와 짚으로 대충 만들어서 사용했다. 학생들은 흙바닥으로 된 교실에서 낡은 책상에 앉아 공부했다. 말씀을 선포하자 마을 사람들과 어린이들이 초롱초롱한 눈으로 듣기 시작했다. 7월에는 의료 사역까지 더했다.

복음이 한 번도 들어가지 않았던 서숨바 마을 세 곳에서 1년 동안 집중적으로 사역했다. 시간이 흐르며 마을 사람들이 변화됐고 2018년 12월에는 마을 연합으로 33명이 세례를 받았다. 그들을 인근 바닷가로 데리고 가서 세례를 베푸는데 정말 가슴이 터져나갈 것 같았다. 한 번도 복음을 들어보지 못한 영혼을 집중적으로 섬기게 하시고 주님의 자녀가 되도록 인도해주신 은혜가 너무나도 감사해 무어라 말할 수 없었다. 어느 선교사나 마찬가지겠지만 나 역시 세례를 베풀 때 가장 가슴이 벅차오른다.

그런즉 저희가 믿지 아니하는 이를 어찌 부르리요 듣지도 못한 이

를 어찌 믿으리요 전파하는 자가 없이 어찌 들으리요 보내심을 받
지 아니하였으면 어찌 전파하리요 기록된바 아름답도다 좋은 소식
을 전하는 자들의 발이여 함과 같으니라. 롬 10:14-15

베풀고 있다는 교만함

서숨바 의료 사역을 시작한 까두에따 마을에 1,200여 명이 몰려
들었다. 의료팀이 아침 8시부터 밤 12시까지 진료하는데도 끝이 보
이지 않았다. 어린이 사역팀은 어린이 약 350명을 모아놓고 찬양과
율동으로 복음을 전하는 중에 선물을 나누어 주다가 아이들에게 밟
혀 죽을 것 같아 선물을 던지고 뛰어나오기도 했다.

이틀간의 사역이 끝나고 공항에 갔는데 황당한 일이 생겼다. 항
공권 60개가 모두 가짜라고 했다. 여행사에 계속 전화했지만 응답
이 없었다. 할 수 없이 다음날 발리로 나가는 티켓을 다시 샀다. 평
상시보다 두 배가 넘는 비싼 가격이었지만 다른 방법이 없었다. 호
텔은 모두 만실이라 우리는 서숨바의 현지 목사님 교회에서 침낭이
나 매트도 없이 타일 바닥에서 잤다.

감사하게도 팀원 누구도 불평하지 않고 함께 예배드리며 기도했
다. 그때 우리의 기도 가운데 뜨거운 성령의 불길이 일어나면서 성

령님이 모두에게 같은 마음을 주셨다. 하나님은 우리가 현지인에게 무언가를 베풀고 도와주고 있다는 교만한 마음을 모두 회개시키셨다. 그리고 어두운 악령에 사로잡혀 있는 서숨바의 영혼을 위해 기도했다.

때로 주님은 말도 안 되는 상황을 통해 우리에게 역사하신다. 당시에는 상황에 매몰되어 답답하고 괴롭지만 주님께서는 그런 일을 행하신 이유를 우리가 먼저 깨닫기를 원하신다.

> 여호와여 열납하시는 때에 나는 주께 기도하오니 하나님이여 많은 인자와 구원의 진리로 내게 응답하소서. 시 69:13

소와 말이 목욕하는 물에서 세례를 주고

동숨바에서 서숨바로 가는 길에 중숨바 아나와이 마을이 있다. 2019년 초엔 이 지역에 들어가서 복음을 전하다가 마을 사람들에게 몇 번 쫓겨나기도 했다. 마침내 한 가정이 마음을 열어 주님을 영접했고 그곳에서 가정 교회가 시작되었다. 15명이 모이자 장소가 좁아져 교회를 건축하고 싶었지만 재정이 부족해 교인들의 집 울타리를 조금씩 뜯어서 간이 교회를 만들었다. 비록 돌바닥과 대나무로 만든 의자에 앉아야 했지만 예배드릴 수 있어서 행복했다.

7월에는 7명이 세례를 받았다. 이들은 꼭 침례식으로 세례를 받고 싶다고 했다. 마을 사람들이 침례식을 할 수 있는 장소를 찾았다고 해서 기쁜 마음으로 달려갔더니 산 위에 있는 작은 물웅덩이었다. 소와 말이 목욕하는, 냄새나고 지저분하고 벌레가 많은 물이었다. 꼭 들어가야 하나 고민했지만 침례를 너무나도 간절하게 원하는 사람들의 모습을 보자 거절할 수 없었다. 물에 들어가 있는 동안 몸에 벌레가 기어 다니는 것 같기도 했고 역한 냄새에 머리가 띵하기도 했지만 은혜 가운데 침례식을 마쳤다. 침례 받은 사람들이 가족을 붙잡고 울면서 말했다. "나 같은 사람이 세례를 받은 것은 주님의 은혜이며 사랑입니다."

이들의 고백을 들으니 물이 더럽다고 들어가기를 망설였던 내가 너무나도 부끄러웠다. 이들에게 수질 따위는 중요치 않았다. 그저 주님의 자녀가 되길 간절히 원해 세례를 갈망했다. 오직 침례를 기뻐하는 이들을 보며 주님께서 그들을 얼마나 사랑하시는지 뼈저리게 느꼈다.

오직 성령이 너희에게 임하시면 너희가 권능을 받고 예루살렘과 온 유대와 사마리아와 땅 끝까지 이르러 내 증인이 되리라 하시니라. 행 1:8

영적인 소경이 되지 않으려면

다섯 살 소녀 마리아도 서숨바에서 만났다. 마리아는 양쪽 눈에서 계속 진물이 나와 아프다고 울었다. 부모에게 물어보니 형편이 어려워 아직 한 번도 병원에 가 본 적이 없다고 했다. 마리아와 마리아 부모가 비행기를 타기 위해 필요한 신분증을 만드는 데 거의 한 달이 걸렸다. 발리 병원의 의사는 마리아가 태중에 있을 때 양쪽 눈이 발달하지 않아 모든 기능을 잃어버렸다고 했다. 안타깝게도 현대 의학으로 치료할 수 있는 방법이 없으니 차라리 맹인특수학교에 보내라고 했다. 하지만 숨바섬에는 맹인특수학교가 없었다.

마리아의 엄마는 쓰러지다시피 아이를 붙잡고 울었고 마리아는 아무것도 모르고 천진난만하게 웃었다. 어둠 속에서 고통 받는 마리아를 위해 해줄 수 있는 것이 없어 괴로웠다.

사흘간 마리아 가족과 발리에 있으면서 마리아가 하나님이 만드신 세상을 조금이나마 상상해 볼 수 있도록 최선을 다했다. 소프트 아이스크림을 먹으면서 너무 맛있다고 소리 지르고 춤추는 마리아를 보면서 눈물이 저절로 흘러내렸다.

숨바섬에는 고통 받는 어린이가 수없이 많다. 아파도 병원이란 곳을 한 번도 가보지 못하고 흔한 소독약이 없어 상처난 부위는 썩어서 결국 절단해야 한다. 우리는 가난과 질병과 기근 속에 방치된 숨바섬 어린이, 그들의 부모 그리고 마을 사람들이 영적인 눈을 뜨도록 최선을 다할 것이다. 에바다와 실로암의 축복이 그들에게 임하기를 간절히 소망하며, 마리아도 새로운 영의 눈을 열리기를 간구하며, 숨바섬 모든 영혼의 영적인 눈이 떠지는 그날까지 쉬지 않고 달려갈 것이다.

마리아를 보며 앞을 보지 못하는 것은 엄청난 고통이라는 걸 절실히 느꼈다. 아무리 좋은 선물을 주고 아무리 근사한 장소에 데려가도 마리아는 아무런 감흥이 없었다. 과자도 손에 쥐여 주어야 그게 음식이라는 걸 알았다.

우리도 그렇다. 영적인 눈을 뜨지 못하면 주님께서 아무리 좋은 것을 주셔도 누리지 못한다. 주님이 주시는 큰 축복을 알아보지 못하는 것이다. 우리는 영적인 소경이 되지 않도록 간구해야 한다.

> 그들이 주리거나 목마르지 아니할 것이며 더위와 별이 그들을 상하지 아니하리니 이는 그들을 긍휼히 여기는 자가 그들을 이끌되 샘물 근원으로 인도할 것임이니라. 사 49:10

하나님의 큰 그림
2019년 7월엔 오륜교회 의료 선교팀과 함께 숨바섬에서 사역을 하던 중 메일린을 만났다. 네 살 된 메일린은 오른쪽 다리가 완전히 휘어 걷지 못했다. 숨바섬 병원에 데려가 엑스레이 촬영을 하고 결과물을 한국 NGO 단체인 사단법인 프렌즈에 송부했다. 프렌즈에서 서울아산병원의 소아정형외과팀과 상의했고 곧 메일린의 다리를 고칠 수 있다는 연락이 왔다. 수술 과정은 듣기만 해도 험난했다. 다리뼈와 엉치뼈를 모두 깎아 내는 수술을 세 번 해야 하고, 재활 치료는 약 3개월 정도 받아야 한다고 했다. 수술비는 약 3천 5백만 원이었다.

역시 하나님께서는 이미 메일린을 위해 일하고 계셨다. 오륜교회의 의료 선교에 동참했던 아산병원 직원이 마침 메일린의 수술 문의가 들어왔다는 소식을 듣고 의료진 미팅을 준비해 주셨다. 메일린은 서울아산병원의 국제 아동 의료 후원 프로그램을 통해 수술비를 후원 받았고 나머지 금액은 의료 선교를 함께했던 아산병원 직원이 채워주셨다. 오륜교회에서는 메일린의 수술비, 병원비, 항공비, 체류에 필요한 비용을 준비해 주셨다.

나를 붙잡고 우는 메일린의 부모에게 말했다. "모든 것이 그리스도의 은혜와 사랑입니다. 주님께서는 숨바섬의 영혼을 사랑하시고 그들이 질병과 가난과 굶주림에서 벗어나 주 안에서 행복하기를 원하셔요. 이제 주님을 영접하고 더욱 기도해야 합니다."

이 책이 나올 때쯤 메일린은 수술을 받게 될 것이다. 메일린의 수술을 통해 메일린의 부모와 마을 사람들은 깨닫게 될 것이다. 모든 것이 하나님의 사랑이라는 것을. 사람의 눈으로만 보면 숨바섬에는 가난, 사기 그리고 괴로움이 가득하다. 하지만 영적인 눈을 뜨면 현실에 가려졌던 하나님의 손길이 보인다. 이것이 바로 사랑과 치유의 역사다.

대저 나 여호와가 시온을 위로하되 그 모든 황폐한 곳을 위로하여 그 광야로 에덴 같고 그 사막으로 여호와의 동산 같게 하였나니 그 가운데 기뻐함과 즐거워함과 감사함과 창화하는 소리가 있으리라.
사 51:3

8장

13년째
흐르는 강

숨바섬 사역이 13년 차에 들어섰다. 그동안 주님은 고통 받는 숨바섬 어린이를 발리로, 자카르타로, 한국으로 데리고 다니며 치료해주셨다. 의료 사역은 복음화의 중요한 다리 역할을 했다. 우리는 동숨바에 열여덟 곳, 서숨바 마을 네 곳에 교회를 건축했다. 두 마을에서는 초등학교도 건축하고 있다. 몇몇 청년은 주님을 영접하고 수라바야에 있는 신학교에서 공부하고 있다.

모든 사역엔 현지 사역자의 수고와 눈물이 묻어 있다. 숨바섬 사역을 다녀간 사람들과 오스트리아 비엔나 한인 교회의 후원 덕분에 그동안 무보수로 일한 사역자 25명에게 한 달에 사례비 5만 원을 드릴 수 있게 됐다. 현지 사역자는 사례비를 받을 때마다 주님의 은혜가 너무 감사하다며 눈물을 흘렸다.

3년 전쯤 이들의 헌신이 너무 감사해 발리에서 4박 5일 동안 특별 수련회를 한 적이 있다. 처음에는 수련회 경비 2만 달러를 마련할 자신이 없어 망설였다. 하지만 주님이 채워 주시리라 믿었고 감사하게 경비가 채워졌다. 어떤 사역자는 평생 숨바섬에서 비행기를 만지면서 사역했더니 주님께서 비행기를 타게 해 주셨다고 기뻐했다. 이들은 호텔 문을 열 줄도 몰라 방에 들어가면 나오지도 못했다. 뜨거운 물이 나온다는 것을 알지 못해 찬물로 샤워하다가 감기에 걸리기도 했다. 엘리베이터를 타본 적도 없었고 뷔페 식당에서는 오직 흰 쌀밥으로 배를 채웠다. 흰밥을 배불리 먹어보는 것이 소원이라서 그랬다고 했다.

최근 숨바섬에 이슬람이 저돌적으로 몰려 들고 있다. 무슬림 의대생들이 이슬람 복장을 입고 의료 사역도 한다. 13년 전엔 숨바섬의 중심인 와잉아푸에 하나밖에 없던 이슬람교 예배당모스크이 여덟 곳으로 늘었고, 무슬림 교사가 숨바섬에 들어와 이슬람을 전하기 시작했다.

이제 한 마을이라도 먼저 찾아내 복음을 빨리 전해야 한다. 이미 복음이 들어간 곳은 이슬람교가 들어와도 흔들리지 않고 이겨낼 수 있도록 신앙을 굳세게 해야 한다.

　이름도, 빛도 없는 숨바섬에 자처해서 오신 선교사님들은 질병과 가난에도 묵묵히 복음을 전하고자 애쓰고 있다. 이들의 섬김을 보며 주님을 따라가는 삶이 어떤 모습이어야 하는지 절실하게 배운다. 오늘도 이들의 헌신을 통해 숨바섬 골짜기마다 복음이 흘러간다.

　　좋은 소식을 가져오며 평화를 공포하며 복된 좋은 소식을 가져오며 구원을 공포하며 시온을 향하여 이르기를 네 하나님이 통치하신다 하는 자의 산을 넘는 발이 어찌 그리 아름다운고. 사 52:7

Following
God

4부

우연한 여행

: 자카르타 한센인 마을

1장

하나님의 형상으로
사람을 만드셨지

바쁜 일상에서 잠시 벗어나 가까운 곳이라도 좋으니 도시락을 싸 들고 소풍을 가고 싶을 때가 있다. 바쁘게 사역에 집중하고 있던 2012년 4월이었다.

친분이 있는 자매가 자카르타 공항 뒤편에 자리한 마을 유치원에서 봉사한다는 소식을 들었다. 그와 이야기를 나누고 돌아가려는데 자매가 유치원 뒤에 있는 한센인 마을에 가보자고 청했다. 마음이 내키지 않았는데 아내가 가보자고 해서 할 수 없이 따라나섰다. 꼬불꼬불 좁은 골목을 지나 많은 한센인을 만났다. 자매의 말로는 한센인 1,500여 명이 모여 사는데 대부분 길에서 구걸해서 간신히 살아간다고 했다.

　마을 안으로 깊이 들어가니 증상이 심한 한센인이 보였다. 다리나 팔도 없고 손가락마저 이미 뭉그러지고 온몸에서 고름과 진물이 나오는 사람이 많았다. 멀리 떨어져서 멍하니 쳐다보고 있었는데 갑자기 아내가 한 사람에게 가까이 다가갔다.

　깜짝 놀라서 말리려고 했지만 이미 아내는 그를 껴안고 울면서 기도하기 시작했다. 나는 오히려 '아무나 껴안으면 어떡하나' 하는 마음부터 불쑥 올라왔다. 마을 방문을 마치고 돌아가는 차 안에서 아내에게 소리를 질렀다.

　"그렇게 아무나 막 껴안으면 어떡해. 그러다가 병이 옮으면 어쩌려고? 생각을 좀 해야 할 거 아니야."

　"그들도 하나님의 형상으로 만드셨잖아. 이렇게 고통 받는다는 게 너무 가슴 아파."

　'하나님의 형상으로 만든 사람'이라는 말이 비수처럼 가슴을 쿡 찌르며 들어왔다. 우리 부부는 그때까지 한센인 사역은 한 번도 생각해 본 적이 없었다. 솔직히 상상해 본 적조차 없었다. 하지만 주님께서 이들을 품으라는 마음을 주셨고 우리는 따르기로 했다.

　우리는 한센인 가정을 직접 방문해 구체적인 상황과 형편을 조

사했고 그중 정말 어려운 150가정을 선발해 그들을 돕기로 했다. 하지만 한센인은 독실한 무슬림이 대부분이라 쉽게 우리를 받아주지 않았다. 그들은 우리가 기독교인임을 알고는 강한 적개심을 드러냈다.

한센인은 대부분 거리에서 구걸하는 것 외에 다른 생계 수단이 없다. 하루 종일 구걸해도 우리 돈으로 적게는 5백 원 많게는 1천 원을 얻어 아이들과 연명한다. 한낮의 뜨거운 아스팔트에 앉아 구걸하다 복수가 차 죽기도 하고, 밤에는 지나가는 차에 치여서 쓰레기장에 시신이 버려지기도 했다. 우리는 끊임없이 그들을 설득했다. 비록 당신은 고통 받으며 살고 있지만 아이들은 가난에서 벗어나야 하지 않겠냐고. 우리는 한센인 자녀 150여 명이 고등학교까지 공부할 수 있게 매달 후원했고 이들을 위해 기도했다.

> 하나님이 자기 형상 곧 하나님의 형상대로 사람을 창조하시되 남자와 여자를 창조하시고. 창 1:27

나도 사람이었다는 걸 느꼈어요

우리는 포기하지 않고 꾸준히 한센인 마을을 방문했다. 시간이 흐르자 그들도 조금씩 마음의 문을 열고 우리를 받아주었다. 말씀과 기도에도 점차 반응하기 시작했다. 처음에는 무슬림 한센인 약 200명의 기에 눌려 성경책을 가방에서 꺼내지도 못하고 돌아왔다. 하지만 차츰 담대해지면서 사역 전에 말씀을 나누고 기도도 할 수 있었다. 곧 한센인 중에서 아멘으로 화답하는 사람이 나오기 시작했다.

나는 그들에게 물었다. "여러분이 가장 원하는 것이 무엇인가요?" 돈, 건강, 좀 더 나은 집, 자녀의 행복 같은 대답이 나올 줄 알았다. 그런데 그들은 이렇게 대답했다.
"한 번만이라도 좋으니 소풍을 가보고 싶어요."

그래서 2013년 9월, 그들이 그토록 원하는 소풍을 떠났다. 장소는 인도네시아 민속촌인 '따만 미니'였다. 아내와 내가 약 220명을 통솔해야 해서 준비는 녹록치 않았다. 많은 버스 회사가 한센인을 태울 수 없다며 임대를 거절했다. 여러 군데 사정한 끝에 가격을 두 배로 지불하고 버스 네 대를 빌렸다. 220명의 도시락과 간식, 음료, 선물도 준비했다.

소풍날이 되자 사람들은 집에서 가장 좋은 옷을 골라 입고 아이들도 학교 대신 민속촌으로 달려왔다. 모두 너무 이른 시간에 모여서 문을 열 때까지 입구에서 기다렸다. 사람들은 보는 것마다 환호성을 지르며 즐거워했다. 불편한 다리를 절룩거리면서, 지팡이에 몸을 의지하면서, 팔이 없는 사람은 빈 옷자락을 휘날리면서, 두 다리가 없는 사람은 휠체어에 앉아서 하나라도 더 구경하려고 이리저리 돌아다녔다. 정말로 행복한 얼굴이었다. 우리는 준비한 도시락과 간식을 먹고 야외에 모여 간단히 감사 예배를 드렸다. 정성으로 준비한 작은 선물도 드렸다.

돌아오는 길에 몇몇 분에게 오늘 하루 중 어떤 것이 가장 좋았냐고 물어보았다. 평생 처음 온 민속촌, 맛있는 음식, 선물 등 다양한 대답이 나왔는데 한 사람이 울면서 이렇게 대답했다.

"오늘 처음으로 나도 사람이었다는 걸 느꼈어요."

뒷통수를 맞은 것 같았다. 비록 세상에서 한센병으로 멸시와 천대를 받고 살지만, 온몸이 병으로 문드러지고 고통 속에 살지만, 무슬림이라 주님을 모르고 살지만, 자신이 사람이라는 사실조차 잊어버렸지만, 이들도 하나님의 자녀였다. 간절한 기도가 흘러나왔다.

'주님, 이 영혼을 불쌍히 여기시고 이 땅에서 너무 힘들지 않게 하여 주소서. 육신은 죽어도 영혼은 구원받을 수 있도록 길을 열어 주시고, 더 고통 받지 않고 주님 나라에서 기쁨과 평강 속에 살도록

인도하여 주소서. 이들의 자녀를 축복하시어 가난에서 벗어날 수 있도록 해주시고 주님을 알아가게 하옵소서.'

첫 번째 소풍으로 그들의 마음 문이 활짝 열리기 시작했고 이듬해인 2014년, 우리는 한센인 250여 명과 함께 자카르타 라구난 동물원으로 또 다시 소풍을 다녀왔다. 시작은 우연이었지만 그 또한 하나님이 인도하신 여행이었다는 걸 다시 한 번 깨닫는다.

나 여호와가 말하노라 너희를 향한 나의 생각은 내가 아니니 재앙이 아니라 곧 평안이요 너희 장래에 소망을 주려하는 생각이라.
렘 29:11

당신이 기도한 예수가
아들을 고쳤네요

한센인은 의료 복지에서 철저하게 배제됐기 때문에 아파도 온전한 치료를 받기 어렵다. 특히 한센인 부모는 자녀를 제대로 양육하기 어렵기 때문에 방치되는 아이들이 많다.

하루는 무슬림 한센인이 열 살 된 아들 카이풀을 데려와 울면서 도움을 청했다. 아이가 복통을 호소해 보건소에서 엑스레이를 찍었더니 왼쪽 신장 기능이 멈춰 썩기 시작한 것이다. 빨리 큰 병원에 가서 정밀 검사를 받고 신장 제거 수술을 해야 하는데 병원비가 없다고 도와달라고 했다.

안타깝게도 당시 우리에게는 치료비가 없었다. 우리는 카이풀을 붙잡고 간절히 기도하고 돌아와 후원금을 모으기 시작했다. 약 한 달 후, 카이풀을 데리고 자카르타 시내에 있는 큰 병원에 갔다. 한 달 동안 얼마나 더 심해졌는지 확인하기 위해 다시 엑스레이를 찍었는데 놀라운 일이 생겼다. 썩기 시작한 왼쪽 신장이 다시 살아났다는 것이다. 의사도 어머니도 모두 놀라서 서로를 한참 쳐다만 봤다. 카이풀의 어머니가 말했다.

"선교사님, 당신이 기도한 예수가 카이풀을 고쳤네요."

무슬림의 입에서 예수가 자신의 아들을 고쳤다는 고백을 들으니 온몸에 전율이 흘렀다. 주님께서 이방인의 입술을 통해 찬양을 받으시고 주님께 영광을 돌리도록 일하신 순간이었다. 병원에서 약도 필요 없다길래 그냥 돌아왔다. 카이풀은 현재 열심히 공부하며 건강하게 성장하고 있다.

에바다, 주여 열어주소서

여섯 살 된 바임도 잊을 수 없다. 바임은 신부전증으로 얼굴과 온몸이 심각할 정도로 부풀어 올랐다. 병원에서 신장 이식 수술을 해야 한다고 했지만 형편이 어려운 부모는 바임을 그냥 방치하고 있었다. 우리 부부는 바임을 붙잡고 간절히 기도했다. 정기적으로 한센인 마을에 들어갈 때마다 바임을 불러 계속 기도했고 지금은 붓기가 완전히 빠져 건강하게 지내고 있다.

열두 살 소녀 누르는 2년 전에 만났다. 웅크리고 울고 있는 누르에게 다가가 왜 그러냐고 물었지만 아무런 대답도 없이 그냥 날 쳐다보고 울기만 했다. 알고 보니 누르는 청각 장애인이자 말을 못하는 아이였고 부모 모두 한센병에 걸려 딸을 돌보지 못했다.

나는 누르의 집에 찾아가 가족을 붙잡고 기도했다. 사역을 마치고 돌아왔는데 누르의 모습이 머릿속에 계속 맴돌았다. 누르는 장애 때문에 학교 수업도 받을 수 없었다. 주님께 누르가 공부할 수 있도록 길을 열어달라고 기도드렸다.

기도 응답은 생각지도 못한 후원자로 돌아왔다. 덕분에 누르는 마을 근처에 있는 특수학교에 다니게 됐다. 누르는 초등학교 교육을 받기 시작하며 표정이 무지개처럼 밝아지기 시작했다. 사람들이 무서워서 늘 도망치던 아이가 이제는 사람들과 함께 어울려 지낸다. 한센인 마을 사역을 할 때마다 누르를 꼭 끌어안고 귀를 만지며 기도했다.

"에바다, 주여 열어 주소서."

하루는 누르를 안고 기도를 마쳤는데 아이가 입을 열었다.
"아멘."

가슴 깊은 곳에서부터 끓어오르는 눈물을 참을 수가 없었다. '주님, 감사합니다. 누르의 영혼을 받아 주시고 이 아이를 통해 주님의 크신 영광을 나타내소서.'

아직도 누르는 '아멘'이란 단어밖에 말하지 못하지만 주님께서 그 영혼 가운데 평강과 기쁨을 날마다 부어 주신다는 것을 믿는다. 누르가 밝은 소녀로 성장하는 모습을 보며 한센인 마을 사람은 기적이라고 말하지만 내 눈엔 누르를 통해 하나님과 가까워진 한센인 마을 자체가 기적이다.

> 또 주린 자에게 네 식물을 나눠 주며 유리하는 빈민을 네 집에 들이며 벗은 자를 보면 입히며 또 네 골육을 피하여 스스로 숨지 아니하는 것이 아니겠느냐 그리하면 네 빛이 아침 같이 비췰 것이며 네 치료가 급속할 것이며 네 의가 네 앞에 행하고 여호와의 영광이 네 뒤에 호위하리니. 사 58:7-8

(3장)

사랑을 주고
더 큰 사랑을 받고

평소처럼 한센인 마을에 방문한 어느 날, 공터의 나무에 처음 보는 알록달록한 풍선이 매달려 있었다. 갑자기 아이들이 몰려들어 풍선을 터뜨리고 잘게 자른 색종이를 뿌리기 시작했다. 팔과 다리가 없는 한센인이 들고 온 쟁반에는 이들이 정성껏 만든 인도네시아 전통 생일 밥과 케이크가 있었다. 이윽고 사람들이 모여 소리쳤다. "생일 축하해요, 선교사님!"

너무 감사한 마음에 몸 둘 바를 몰랐다. 그들이 우리 부부를 정말 친구 혹은 가족처럼 생각하고 있다는 걸 느꼈다. 한 사람이 다가 와서 우리가 건강하게 오래 살게 해달라고 기도했다는 이야기를 전했다. 그래야 한센인을 계속 돌봐줄 수 있으니 말이다. 감동이 거대한 파도처럼 가슴에 밀려 들어왔다.

그들에게 필요한 것이 무엇일까 고민하던 가운데 의족이 떠올랐다. 다리가 없는 사람이 너무 많았기 때문이다. 의족이 필요한 사람을 조사해 보니 우리가 사역하는 마을에만 200여 명, 주변 마을까지 하면 500여 명이었다. 의족을 만드는 비용은 생각했던 것보다 비쌌다. 고민 끝에 200명 중 우선순위를 정하고 함께 기도하자고 했다. "우리는 능력이 없지만 주님께는 불가능한 일이 없으니 함께 기도해주셔야 합니다."

주님께서는 적지만 꾸준히 의족을 보내주셨다. 영국, 쿠웨이트, 호주, 미국 등 생각지도 못한 곳에서 후원이 들어왔다. 우리를 만난 적도 없고 알지도 못하는 사람들이 귀한 후원을 해주셨고 지난 4년간 118명이 의족을 선물 받았다.

의족을 받는 사람들의 얼굴에는 행복한 웃음이 가득했는데 그 이유는 새로운 다리가 생겨 멀리까지 나가 구걸할 수 있기 때문이었다. 그들의 육신뿐만 아니라 영혼에도 생명이 흘러 들어가기를 바란다. 한센인과 우리는 각자의 방법으로 사랑을 주고받는다. 그

사랑은 줄 때보다 더 따뜻하고 커다랗게 돌아온다. 세상이 감당치
못하는 사랑이 한센인 마을에 넘친다.

> 여호와께서 너희 땅에 이른비, 늦은비를 적당한 때에 내리시리니
> 너희가 곡식과 포도주와 기름을 얻을 것이요. 신 11:14

4장

영혼 구원에
다음은 없다

다리 한쪽이 썩어 절단해야 하는 사람, 온 몸에 종기가 생겨 덜덜 떨면서 누워 있는 사람, 장기에 문제가 생겨 고무 호스를 끼고 있는 사람, 두 다리를 모두 절단했는데 절단 부위가 다시 썩어 들어가는 사람. 한국의 일상에선 흔히 마주하기 힘든 풍경이지만 한센인 마을에선 어렵지 않게 마주한다.

그곳에 갈 때마다 주변 마을에서 온 한센인이 자신도 후원을 받을 수 있게 해 달라고 요청한다. 현실적으로 그들을 다 품을 수 없어서 마음이 힘들다. 그럴수록 지금 섬기는 사람들을 더 뜨겁게 사랑하자고 굳게 마음을 먹는다. 지난 2년 동안 한센인 11명이 생을 마감했고 그 중 9명은 죽기 전에 주님을 영접했다. 나머지 2명은 영접 기도를 못 드렸는데 돌아보면 너무나도 부끄럽고 가슴 아픈 기억이다.

숨바섬에서 사역하고 바로 자카르타로 이동해 한센인 마을에 들어갔던 때였다. 15일 내내 산 속을 걸어 다녔더니 온 몸이 부서지는 것처럼 힘들었다. 부끄러운 고백이지만 그날은 하루 종일 빨리 집에 돌아가 쉬고 싶다는 생각만 가득했다.

마을 여기저기를 다니며 아픈 사람을 위해 기도하다가 병세가 매우 심각해 쓰러져 있는 두 사람을 발견했다. 다른 때 같았으면 바로 다가가서 그들을 붙잡고 영접까지 시켰을 텐데 너무 피곤한 터라 '꼭 오늘만 날인가? 2주 후에 와서 영접 기도 시키면 되겠지' 하는 생각이 들어서 그냥 돌아왔다.

사흘 후 한센인 마을 통장에게 연락이 왔다. 그날 내가 지나친 두 명이 생을 마감했다는 소식이었다. 저녁에 기도하는데 주님께서 꾸짖었다. '네가 몸 편하자고, 네가 게을러서, 썩어 문드러질 몸뚱아리 하나 편하자고 마지막으로 구원받을 수 있는 두 영혼을 버렸다. 죗값을 받아라.'

주님은 에스겔 33장을 떠올리게 하셨다. 하나님은 이스라엘 백

성 중 하나를 파수꾼으로 세우고 칼이 임할 때 파수꾼이 나팔을 불어 경고를 주었는데도 백성이 대비하지 않아 멸망한다면 그들의 죗값이지만, 파수꾼이 나팔을 불지 않아 백성이 멸망당하면 파수꾼의 죗값이라고 하셨다. 하나님이 두 영혼에게 나팔을 불라고 나를 보내셨는데 내가 해야 할 일을 하지 않아 그들이 구원받지 못했다. 그날 밤 온몸이 깨져나가는 아픔을 느끼며 회개했다.

지난 2월, 한 분의 병세가 악화되어 의식이 없는 것을 보고 마을 사람들과 함께 마을 병원 응급실로 데려가 입원시켰다. 또 한 영혼을 그냥 잃어버릴 수 없었다. 이틀 후 환자가 의식을 되찾았을 때 그를 붙들고 영접 기도를 드렸다. 그는 5일 정도 응급실에 있다가 다행히 병세가 호전되어 퇴원했는데 3주 후 급격히 병세가 나빠져 돌아가셨다는 연락을 받았다. '주님 이번에는 잃어버리지 않았습니다. 포기하지 않았습니다. 나팔을 불었습니다. 이 영혼을 받아주시옵소서'라고 기도했다. 한센병으로 평생 고통과 멸시를 받고 아직 주님을 모르는 무슬림이지만 나는 계속 이들을 가슴으로 품으며 때를 얻던지 못 얻던지 쉬지 않고 나팔을 불 것이다.

주님은 우리를 영적 파수꾼으로 세우셨다. 이 땅과 죽어가는 영혼, 가족과 친구를 향해 나팔을 불라고 하셨다. 우리가 바쁘고 게으르고 무관심해서, 육신의 안일함 때문에 나팔을 불지 않아 그들이 멸망하면 주님께서 우리에게 피의 값을 물으신다.

영혼 구원에 '다음'은 없다. 지금 이 순간, 각자의 자리에서 나팔을 불어야 한다. 나팔 소리를 듣지 못한 영혼은 우리에게 '다음'이라는 기회를 주지 않는다. 이제 한센인 마을 사역에 더 이상 '다음'이라는 단어는 없다.

인자야 내가 너로 이스라엘 족속의 파숫군을 삼음이 이와 같으니라 그런즉 너는 내 입의 말을 듣고 나를 대신하여 그들에게 경고할찌어다. 겔 33:7

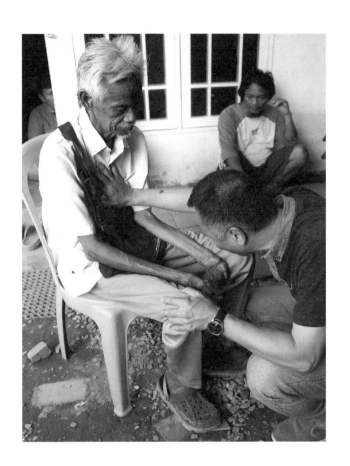

멈추지 않는 멈춤
: 코로나19

코로나19가 전 세계를 뒤덮자 일상이 멈췄다. 선교지의 상황도 급변했다. 비록 예전처럼 마음껏 자유롭게 활동할 수 없지만 주님은 결코 일을 멈추지 않으셨다. 오히려 더 많은 영혼이 주님께 돌아왔다. 어떠한 상황에서도 주님은 사랑하는 영혼을 포기하지 않으신다.

말랑 UKCW

안타깝게도 우리는 대학 캠퍼스(건물) 구입 대금을 아직 30% 밖에 지급하지 못했다. 감사하게도 주님께서 건물주의 마음을 만져 주시어 2020년 1월에 먼저 입주하고 향후 3년간 나머지 70%를 분할하여 지급하기로 합의했다. 아직 갚아야 할 금액이 많지만 우리만의 건물을 소유하게 되어 너무나도 감사하다.

2020년 2월부터 기존 건물 중 일부를 보수하면서 3월 신학기 개강을 준비하고 있었는데 코로나19가 발생했다. 결국 신학기의 모든 강의가 온라인으로 변경됐다. 학생들과 새로운 캠퍼스에서 감사 예배를 드리며 신학기를 시작하고 싶었지만 상황이 허락지 않았고 새롭게 보수한 강의실은 아직 텅 비어 있다.

숙명여대에서 유학 중인 UKCW 학생들은 각자 맡은 자리에서 신앙을 지키고 있다. 그중 숙명여대를 졸업하고 총신대에 입학해 신학 공부를 하고 있는 테오필라 전도사는 네팔의 현지 목회자와 결혼했다. 코로나19로 인도네시아와 네팔에서 부모님들이 한국에 들어올 수 없어서 내가 신부와 함께 입장했다.

비록 대학 사역이 힘들고 어렵지만 하나님께서는 여전히 보이지 않게 이끌어주고 계신다. 우리 학생들이 한국과 인도네시아에서 믿음을 지키고 사회 일꾼으로 성장해 주님께 영광을 돌리는 모습을 보며 지난 22년간의 섬김이 헛되지 않았다고 절실히 느낀다.

말랑의 KT&G 인니 직업훈련센터

코로나19 덕분에 전혀 생각지 못했던 새로운 프로젝트를 시작하게 됐다. 2020년 11월부터 한국 KT&G가 비영리 단체 프렌즈를 통해 봉제 학교를 운영하는 프로젝트를 진행했는데 이를 UKCW가 맡게 된 것이다.

대학 강의실에 재봉틀과 전기 배선을 설치하고 원단을 구입하고 수강생을 모집해야 했다. 과연 팬데믹 시대에 수강생을 모집할 수 있을지 걱정됐다. 하지만 놀랍게도 KT&G 인니 직업훈련센터(이하 직업훈련센터) 제1기 수강생 35명이 순식간에 모두 모집됐다. 생각보다 많은 사람이 몰려 선착순으로 모집을 완료하고 나머지는 3개월 후에 진행되는 제2기 수업을 기다렸다.

직업훈련센터는 지역 사회에 엄청난 영향을 줬다. 수강생 35명 중 27명이 무슬림이지만 매일 아침 함께 기도로 시작했고 점점 기독교인에 대한 인식이 변하기 시작했다. 봉제에 대해 아무 것도 모르던 사람들이 직접 옷을 만들고 수료식에서 패션쇼도 열었다.

"일이 없어 집에만 있던 우리가 가족과 다른 사람을 위해 옷을 만들고 생계 활동을 할 수 있도록 해주셔서 너무나도 감사합니다." 직업훈련센터는 제2기 수료까지 마쳤다. 제3기 모집 때는 189명이 몰려와 현재 35명이 교육을 받고 있다.

사람들은 팬데믹으로 모든 것이 정지되고 선교 활동도 멈추었다

고 한다. 하지만 주님은 직업훈련센터를 통해 사역의 통로를 열어 주셨다. 지난 2년 동안 우리는 오히려 더 많이 성장했다.

코로나19로 봉쇄된 숨바섬

숨바섬도 코로나19를 피해갈 순 없었다. 2019년 하반기부터 2020년 초까지 숨바섬 사역을 확정한 11팀이 미국, 한국, 호주에서 들어와 함께 계획을 세우던 차에 모든 경제 활동과 예배가 막혔다.

숨바섬은 식량 부족으로 형편이 더 어려워졌다. 우리는 후원자를 찾아 6~8월 동안 매달 쌀 800포대를 숨바섬으로 보냈다. 마을 사람들은 후원 받은 쌀로 밥을 지어 반찬 없이 허겁지겁 먹으면서도 너무나 행복해했다.

2020년 12월 인도네시아에 코로나19 확진자가 매일 15,000여 명이 나와 결국 모든 마을이 봉쇄됐다. 숨바섬의 모든 마을도 봉쇄되어 예배를 드릴 수 없었다. 도시에서는 온라인 예배를 드릴 수 있지만 숨바섬은 전기도, 인터넷도 없어 온라인 예배는 불가능했다.

가만히 있으면 안 될 것 같아 혼자서 숨바섬으로 들어갔다. 한국에 있는 가족도 말렸지만 예배를 포기할 수 없었다. 하루에 두세 마을을 다니며 마을 사람들과 함께 예배를 드리는데 한동안은 걱정이 계속됐다. '오늘은 코로나19에 안 걸렸을까? 아무런 이상은 없는 걸까? 내일 또 나가야 하는데 괜찮을까?' 나흘째 아침에 기도를 하는데 주님께서 이사야 말씀을 주셨다.

그러므로 너희가 기쁨으로 구원의 우물들에서 물을 길으리로다.
사 12:3

비록 상황은 심각했지만 주님은 담대하게 나아가라고 하셨다. 나는 하나님을 의지하며 말씀을 선포했다.

보라 하나님은 나의 구원이시라 내가 의뢰하고 두려움이 없으리니 주 여호와는 나의 힘이시며 나의 노래시며 나의 구원이심이라. 사 12:2

그동안 두려움과 걱정으로 가득 차 있던 가슴이 순식간에 기대와 감격으로 가득 채워졌다. 그날부터 열흘간 매일 마을 두세 군데를 다니며 예배를 드렸고 풍성한 은혜가 임했다. 선교팀이 없기에 혼자 찬양을 인도하고 함께 춤추고 기도하고 말씀을 전했다. 산타클로스 옷을 입고 마을 사람들에게 과자를 나누어 주며 아이들과 함께 뛰었더니 온몸이 점점 무거워졌다. 하지만 가슴은 더욱 벅차올랐고 영혼은 반짝반짝 빛났다.

우리는 환경을 보고 두려워한다. 하지만 하나님은 우리가 더 넓은 시야를 갖길 원하신다. 환경을 움직이고 주관하는 하나님을 보길 말이다. 우리가 주님만이 나의 힘이라고 고백하며 담대히 나아갈 때 구원의 우물에서 물을 얻을 수 있다.

집은 무너졌지만 생명을 지켜주셨잖아요

2021년 부활절을 며칠 앞두고 인도네시아 숨바섬과 티모르섬에 강한 폭풍과 폭우가 쏟아졌다. 교량이 떠내려가고 집이 산사태로 뒤덮이고 파손됐다. 숨바섬도 일주일 동안 진입로가 끊어져 마을 사람들의 생사조차 확인할 수 없었다.

눈물과 정성으로 건축했던 마을 교회 여섯 곳이 전파全破됐고 집 수백 채가 파손됐다. 옥수수 밭은 홍수로 떠내려가 남은 식량이 없었고 그나마 조금 남아 있던 경작물은 엄청난 메뚜기 떼가 먹어 치웠다.

긴급 구호 물품을 준비해 각 마을을 다니며 수해 현장을 점검하고 함께 예배를 드리는데 눈물만 줄줄 흘렀다. 안 그래도 고달픈 사람들, 먹을 것이 없어 고생하는 어린이들에게 왜 또 시련과 어려움을 주실까.

무거운 마음을 안고 숨바섬 동쪽에 있는 와일루리 마을에서 파손된 집과 교회의 복구 대책을 상의하는데 마을 사람들이 이렇게

말했다. "당분간 같이 지내면 됩니다. 하지만 교회가 무너져 함께 예배드릴 공간이 없어졌으니 교회를 제일 먼저 고쳐주세요. 하나님이 우리의 생명을 지켜주셨잖아요. 그분께 감사하며 예배드리는 것을 멈출 수는 없습니다."

그제야 하나님의 뜻을 조금씩 이해할 수 있었다. 욥이 '내가 주께 대하여 귀로 듣기만 하였삽더니 이제는 눈으로 주를 뵈옵나이다' 욥 42:5라고 고백한 것처럼 이번 일을 통해 하나님께서 이들의 믿음을 더욱 굳건하게 하신다는 걸 깨달았다. 다행히 마을 교회는 무사히 보수됐고 지난 9월엔 마을 사람들과 함께 다시 헌당 예배를 드렸다.

까띠꾸 마을이 감사한 것

까띠꾸 마을은 숨바섬의 중심지인 와잉아푸에서 차로 약 2시간 걸린다. 우리는 임시 처소를 만들어 예배를 시작했다. 사람들은 마을 뒤에 있는 돌산 옆구리에 구멍을 내고 똑똑 떨어지는 물을 며칠 동안 모아 식수로 사용하고 있었는데 오히려 '하나님께서 우리를 너무나 사랑하셔서 이렇게라도 물을 주셨다'며 감사드렸다.

주님은 우리에게 '범사에 감사하라'고 하신다. 우리는 보통 그럴싸한 감사의 이유를 찾으려 한다. 승진, 자녀의 대학 입학 등 말이다. 하지만 이들은 물 한 컵에도 하나님께 감사했다. 생각해 보면 우리의 일상엔 감사한 일 투성이다. 감사에 크기를 따질 수 없다.

까띠꾸 마을에서 예배를 드리고 다시 산등성이를 달려 오지에 있는 마후 마을로 가다가 트럭이 고장났다. 앞 바퀴 양쪽을 연결하는 철판이 모두 깨져 있었다. 몇 바퀴만 더 갔으면 낭떠러지였고 내리막길이었다면 산 밑으로 떨어질 뻔했는데 다행히 오르막길이라 차를 멈출 수 있었다.

산꼭대기에 차를 세워놓고 안전하게 이동할 방법을 찾아보았지만 설상가상으로 전화도 터지지 않았다. 결국 산 밑까지 걸어 내려와 도움을 요청했다. 시내에서 부품을 사와서 수리해야 했기에 나와 아놀드 목사님은 오토바이와 트럭을 갈아타고 산길을 달려 와잉아푸로 돌아왔다.

트럭 뒤에 쪼그려 앉아 우연히 하늘을 올려다봤다. 수많은 별이 쏟아질 듯 반짝이는 걸 보니 주님의 은혜가 가슴에 밀려들어왔다. '나의 나 된 것은 오직 주님의 은혜'라고 고백한 사도 바울의 말씀이 가슴에 울려 퍼졌다.

꾸따바라 마을 사람들의 기도

지난해 봄, 어느 젊은 집사님에게서 숨바섬의 교회 건축을 후원하고 싶다는 연락이 왔다. 마침 파손된 교회를 고쳐야 해서 너무 감사하다고, 후원금을 파손된 교회의 개·보수 비용으로 사용하겠다고 말씀드렸다. 그런데 집사님은 잠시 머뭇거리다가 새로운 마을의 교회 신축을 위해 써달라고 하셨다. 당시 교회 개척은 염두에 두지 않았고 여력도 없어서 조금 당황스러웠기에 잠시 제쳐두었다.

잊혔던 교회 건축은 생각지도 못한 곳에서 다시 화두에 올랐다. 한 마을에 들어가 현지 목사님과 피해 복구 사역을 하고 점심을 먹는데 평소에는 수줍어서 말을 걸어도 피하던 현지 목사님이 다가오더니 이렇게 말씀하셨다.

"선교사님, 제가 약 2년 전부터 이곳에서 10킬로미터 정도 떨어진 꾸따바라 마을에서 사역하고 있는데 그 마을에 교회를 건축하면 좋겠습니다. 기도해 주세요."

그렇게 일정에도 없던 꾸따바라 마을에 들어갔다. 성도들은 2년 동안 장로님이 기증한 땅에 교회가 건축되기를 간절히 기도하고 있었다. 우리는 그 땅에 교회의 초석을 놓고 기도했다.

주님은 꾸따바라 마을 사람들의 기도를 들으셨고 한국에 있던 한 집사님의 마음을 움직여 교회 건축을 준비하셨다. 고넬료 가정이 간절히 기도할 때 주님이 베드로를 보내셨던 것처럼. 하지만 인간적인 생각과 사사로운 감정이 앞서 내가 하나님의 일을 가로 막았다. 하나님이 그림을 그리시는데 붓을 잡아챈 셈이다. 그날 주님

앞에 엎드려 눈물을 쏟으며 회개했다.

'주님 어리석은 종을 용서하시옵소서. 주님의 역사를 내 마음대로 정한 죄를 용서하시옵소서. 다시는 주님의 일에 한계를 정하지 않겠나이다. 주님의 뜻을 먼저 아뢰겠습니다. 주여 나를 긍휼히 여기소서.'

이제 숨바섬의 스물네 번째 교회가 꾸따바라 마을에 세워지고 있다. 분명히 주님께서 준비하셨으니 그 교회가 꾸따바라 마을에 구원의 방주 역할을 감당하리라 확신한다.

까두에따 마을의 우물

1,700여 명이 모여 사는 서숨바 까두에따 마을. 이곳엔 우물이 없어 사람들이 너무 고통 받고 있었다. 마을 사람들이 간절히 원하는 것은 바로 우물 시추 공사였다. 공사에 필요한 돈을 준비하고자 여기저기 후원을 요청해 봤지만 코로나19로 대부분 어려움을 겪고 있어서 쉽지 않았다.

어느 날 한국의 한 권사님에게 연락이 왔다. 혹시 필요한 것이 있냐고 물으셨지만 평소 친분이 있는 사이는 아니라 정중히 거절했다. 하지만 권사님은 새벽 기도를 하던 중 나에게 연락하라는 응답을 받았다며 꼭 말해달라고 하셨다. 우물 프로젝트에 대해 자세하게 이야기했더니 권사님께서 일주일 후에 공사에 필요한 돈을 보내주셨다. 한데 땅을 파도 물이 나오지 않았다. 장소를 아홉 번이나 옮겨 봤지만 헛수고라 거의 포기하려던 차였다.

그런데 2021년 부활절 바로 전날, 아홉 번째 시도 끝에 물이 쏟아져 나왔다. 힘차게 쏟아지는 물줄기를 보며 마을 사람들이 환성을 지르며 기쁨과 흥분으로 덩실덩실 춤추기 시작했다. 우물이 생긴 후 사람들의 삶은 완전히 변화됐다. 사람들은 황량하고 척박한 땅이 물을 흡수하는 것처럼 말씀을 쏙쏙 빨아들였다. 아이들은 자주 목욕하면서 건강해졌고 파이프로 물을 공급하면서 농작물을 경작하여 자급자족하거나 시장에 가져다 팔기도 했다. 사람들의 얼굴엔 환하게 웃음이 피어났다.

하나님은 우물 같은 분이다. 우물 하나로 마을 사람들의 삶이 변화된 것처럼 우리의 척박한 인생도 생명의 근원이신 하나님을 만나면 완전히 변화된다. 우리는 하나님이 주시는 영적 생명수로 살아간다.

뿔루빤장 마을의 유누스 전도사님

2021년 8월의 어느 날, 숨바섬 뿔루빤장 마을에서 25년간 사역하던 유누스 전도사님이 코로나19로 소천했다는 청천벽력 같은 소식을 들었다. 그는 열악한 환경과 가난에도 묵묵히 마을 사람들을 섬기며 많은 사역자에게 본보기가 되는 사람이었다. 전도사님에겐 사모님과 자녀 9명이 있었다. 주님께 하소연하면서 터져 나오는 눈물을 막을 수 없었다.

유누스 전도사님의 무덤 앞에서 약속했다. '전도사님, 정말 그동안 너무나 수고 많았습니다. 이제 하늘나라에서 주님과 함께 쉬십시오. 그동안 섬겨주신 교회는 우리가 섬기며 당신의 뜻을 따르겠습니다. 전도사님의 가족도 우리가 책임지고 맡겠습니다. 아이들이 훌륭하게 성장할 수 있도록 잘 돌볼게요.'

이름도 빛도 없이 묵묵히 사람들을 섬기는 현지 사역자를 보며 누가 진정한 주님의 종인가를 생각해 본다. 누가 알아주지도, 인정해 주지도 않지만 오직 하나님 한 분만을 바라보며 나아가는 그들의 사랑과 헌신을 통해 숨바섬에서는 하나님의 나라가 매일 확장되고 있다.

굶주림으로 고통 받는 한센인 마을
코로나19 때문에 생계 유지가 어려워진 사람 중 하나가 바로 한센인이다. 이들은 길거리에서 구걸하며 생계를 이어갔는데 사람들의 발길이 뜸해지니 이젠 구걸하기도 힘들어졌다. 숨바섬이 봉쇄되자 많은 한센인이 영양 부족으로 목숨을 잃었고 한센병을 앓는 어린이, 특히 아기들이 분유를 먹지 못하고 있다. 그들은 코로나19가 아닌 굶주림으로 죽어가고 있다.

이들에게 쌀, 라면, 분유를 후원하기 위한 재정을 마련했다. 후원자는 놀랍게도 우리가 전혀 알지 못하는 분들과 그들의 지인이었다. 원래 계획은 150가정을 돕는 것이었는데 250가정에게 풍족한 후원을 할 수 있었다.

후원 물품을 받은 사람들이 말했다. "덕분에 생명을 연장하게 됐습니다. 당신들의 사랑으로 말미암아 또 하루를 살 수 있게 됐습니다. 당신들은 하나님이 보내주신 천사입니다."

사실 우리가 한 것은 아무 것도 없다. 많은 이들의 후원과 사랑을 전달했을 뿐이다. 지난 2년 동안 정기적으로 한센인 가정에 식량을 나눠주고 환자를 치료했지만 아직도 후원이 절실하다. 특히 코로나 시대에는 소외된 빈곤층에게 더 많은 도움의 손길이 필요하다. 그들의 고통과 절박함에 관심을 기울여야 한다.

> 너희 중에 지혜와 총명이 있는 자가 누구뇨 그는 선행으로 말미암아 지혜의 온유함으로 그 행함을 보일찌니라. 약 3:13

우리는 끝이 없을 것 같은 암흑을 걷고 있다. 우리 모두 손을 잡고 환경을 주도하는 주님을 의지하며 찬양과 기도로 나아갈 때 넉넉히 이겨내리라 믿는다.

내가 사망의 음침한 골짜기로 다닐찌라도 해를 두려워하지 않을 것은 주께서 나와 함께 하심이라 주의 지팡이와 막대기가 나를 안위하시나이다. 시 23:4

그러므로 너희가 이제 여러가지 시험을 인하여 잠간 근심하게 되지 않을 수 없었으나 오히려 크게 기뻐하도다 너희 믿음의 시련이 불로 연단하여도 없어질 금보다 더 귀하여 예수 그리스도의 나타나실 때에 칭찬과 영광과 존귀를 얻게 하려 함이라. 벧전 1:6-7

Following
God

5부

최고의 여행

: 따라가기

여행의 이유

하나님이 세상을 이처럼 사랑하사 독생자를 주셨으니 이는 저를 믿는 자마다 멸망치 않고 영생을 얻게 하려 하심이라. 요 3:16

유치부 아이들까지 암송할 만큼 기독교인이라면 누구나 잘 아는 성경 말씀이다. 이 말씀에 선교에 대한 정의가 들어있다. 주어는 '하나님'이다. 선교는 우리가 시작한 것이 아니라 하나님께서 먼저 시작하셨다. 하나님은 '세상을 이처럼 사랑하사' 땅 끝까지 복음을 전하라고 하셨다. 선교의 동기는 하나님께서 우리를 너무 사랑하신 것이다. 사랑이 없는 선교는 존재할 수 없다.

주님은 하나밖에 없는 아들 예수 그리스도를 이 땅에 파송하셨다. 선교는 보내심을 통하여 일어난다. 성경은 '아버지께서 나를 세상에 보내신 것 같이 나도 저희를 세상에 보내었고요 17:18'라고 말씀하신다. 하나님께서 독생자 예수 그리스도를 이 땅에 보내신 것 같이 예수 그리스도는 우리를 세상에 파송하셨다.

선교의 목적은 '멸망치 않고 영생을 얻게 하려 하심'이다. 선교의 목적은 바로 영혼 구원이다.

많은 이들이 '선교'라는 단어에 왠지 거리감을 느낀다. 특별히 부름 받은 사람이 특정한 장소에 가서 해야 하는 일로 여긴다. 하지만 선교는 예수 그리스도를 믿으며 새로운 생명을 가슴에 품은 모든 사람이 '지금' 해야 한다.

우리 모두가 주님으로부터 보내심을 받았다. 이 세상 모든 곳이 복음을 전해야 할 장소다. 각자의 자리에서 각자에게 허락해 주신 영혼을 섬기며 십자가를 나타내야 한다.

선교는 해도 되고 안 해도 되는 것이 아니다. 주님을 사랑한다면서 주님이 시작하신 일에 관심이 없다면 주님을 진정으로 사랑한다고 할 수 없다. 선교에 대한 마음과 열정이 없다면 그는 죽은 그리스도인이고 죽은 교회다. 살아 있는 그리스도인이라면, 살아 있는 교회라면 반드시 영혼 사랑과 구원에 대한 마음을 가져야 한다.

말이 아닌 삶을 통해 실천하는 사랑이 진정한 복음이다. 세상을 향해 복음을 마음껏 외쳐야 한다. 이것이 바로 진정한 그리스도인의 삶이고, 진정한 교회의 모습이라고 말이다.

예수님께서는 겟세마네 동산에서 잡히기 전, 마지막 순간에 이렇게 기도하셨다.

> 내가 비옵는 것은 이 사람들만 위함이 아니요 또 저희 말을 인하여 나를 믿는 사람들도 위함이니 아버지께서 내 안에, 내가 아버지 안에 있는것 같이 저희도 다 하나가 되어 우리 안에 있게 하사 세상으로 아버지께서 나를 보내신 것을 믿게 하옵소서. 요 17:20-21

주님은 한 사람 한 사람을 정하시고, 부르시고, 의롭다 하시고, 영화롭게 하셨다. 그리고 우리 안에 있는 영원한 생명을 아직 주님을 알지 못하고 죽어가는 영혼, 실족한 영혼, 상처 받은 영혼, 고통 받는 영혼, 좌절한 영혼에게 나누어 주라고 하신다. 그것이 하나님께서 우리를 주님의 백성으로 택하신 이유이자 주님의 마음이다.

미시오 데이Missio Dei, 주님은 선교하는 분이다.

> 예수께서 나아와 일러 가라사대 하늘과 땅의 모든 권세를 내게 주셨으니 그러므로 너희는 가서 모든 족속으로 제자를 삼아 아버지와 아들과 성령의 이름으로 세례를 주고 내가 너희에게 분부한 모

든 것을 가르쳐 지키게 하라 볼찌어다 내가 세상 끝날까지 너희와

항상 함께 있으리라 하시니라. 마 28:18-20

길에서 만나다

어느 날 마가복음을 읽다가 이상한 부분을 발견했다. 마가복음은 예수님의 중요한 사역만 뽑은 제일 짧은 복음서다. 예수님의 탄생도 과감하게 생략한 마가는 8장 22~26절에 벳새다 소경을, 10장 46~52절에 바디매오 소경을 통해 소경을 치유하는 이야기를 두 번이나 언급했다. 다른 복음서에서 벳새다 소경 이야기는 아예 언급되지 않는다. 마가는 도대체 무슨 말이 하고 싶었던 걸까.

소경이 눈을 뜬다는 건 엄청난 기적이자 특별한 은혜다. 하지만 벳새다 소경은 치유만 받고 믿음이 없어 구원을 받지 못했다. 오히려 자신이 살던 마을로 다시 돌아갔다. 반면 동일한 은혜를 받은 바디매오는 길에서 바로 예수를 좇았다. 한 명은 기적을 경험한 후 예전 모습으로 돌아갔지만 다른 한 명은 고난의 길이란 걸 알면서도 예수를 따라갔다.

많은 이들이 은혜 받는 일에만 간절하다. 하지만 그 이후의 삶이 더욱 중요하다. 은혜를 받고 예전 생활로 돌아가 똑같이 살 것인지, 자신을 부인하고 주님을 좇아갈 것인지 선택해야 한다.

나는 주님을 거부하던 영적 소경이었다. 우여곡절 끝에 죽을 고비를 넘기며 주님의 특별한 은혜로 눈을 떴고 그 은혜에 감사해 주님을 좇아가고 있다. 비록 힘겨운 고난의 길이지만 주님이 가시는 길이기에 따라가고자 한다.

로마서에는 '자녀이면 또한 후사 곧 하나님의 후사요 그리스도와 함께한 후사니 우리가 그와 함께 영광을 받기 위하여 고난도 함께 받아야 될 것이니라. 생각건대 현재의 고난은 장차 우리에게 나타날 영광과 족히 비교할 수 없도다롬 8:17~18'라고 기록되어 있다. 우리가 이 땅에서 받는 고난은 장차 우리에게 나타날 어떤 영광과도 비교할 수 없다. 하늘 시민권을 가지고 있는 우리가 이 땅에서 고난 받는 것은 당연하다. 아무런 고난 없이 모든 것이 형통하다면 하늘의 시민답게 살지 않고 있다는 반증이다.

주님은 우리를 위해 세 가지 면류관을 예비해 주셨다. 이 땅에서 시험을 잘 참고 견디는 자에게 생명의 면류관을 주시겠다고 했다 약 1:12. 선한 싸움을 싸우고 달려갈 길을 마치고 믿음을 지킨 자에게 의의 면류관을 주시겠다고 말씀하셨고딤후 4:7-8, 양 무리를 치되 부득이함으로 하지 않고 오직 하나님의 뜻을 좇아 양 무리의 본이 되는 자에게 영광의 면류관을 주시겠다고 말씀하셨다벧전 5:3-4.

이 세상에서는 백성이 왕을 위해 왕관을 준비해야 하는데 오히려 만왕의 왕이 면류관을 준비하시고 우리를 부르신다. 주님은 오늘도 우리에게 물으신다. 주님을 따르겠느냐고, 주님을 진정으로 사랑하느냐고, 바디메오 소경처럼 은혜 받은 그 자리에서 바로 주님을 좇겠냐고.

> 내가 복음을 부끄러워하지 아니하노니 이 복음은 모든 믿는 자에게 구원을 주시는 하나님의 능력이 됨이라 첫째는 유대인에게요 또한 헬라인에게로다 복음에는 하나님의 의가 나타나서 믿음으로 믿음에 이르게 하나니 기록된바 오직 의인은 믿음으로 말미암아 살리라 함과 같으니라. 롬 1:16-17

3장

나의 고백

순종이 선행되면 주님의 길을 따라가는 건 어렵지 않다. 하지만 자아가 앞서는 순간 따라가기는 순탄과 거리가 멀어진다. 때때로 걱정과 근심으로 주님의 길을 벗어나거나 뛰쳐나간 적도 있고 다른 길로 달음질친 적도 있었다. 선교사로 일하는 와중에도 나와의 싸움은 계속됐다.

숨바섬과 한센인 마을 사역의 규모가 커져 정신없이 이곳저곳을 다닐 때였다. 마침 아놀드 목사님께서 자신의 고향인 뿌라섬에서도 말씀을 전해달라고 간청하셔서 목사님과 함께 섬으로 들어갔다. 비행기가 들어가지 못하는 지역이라 옆에 있는 알로르 섬으로 들어가서 다시 배를 타고 가야 했다.

나무로 만든 통통배를 타고 섬에 들어가는데 갑자기 광풍이 불면서 폭우가 쏟아지기 시작했다. 높은 파도가 몰려와 빗물과 바닷물이 배 안으로 넘쳐 들어왔고 배는 파도 위로 올라갔다가 밑으로 떨어지기를 반복했다.

구명 조끼나 구명 튜브도 없었다. 어떤 사람은 이제 죽는다고 소리를 질렀고 아놀드 목사님과 나는 배 옆구리에 앉아 바닷물을 계속 퍼냈다. 오늘 순교할지도 모른다는 생각이 들었다. 난 해군 출신이라 바다가 얼마나 무서운지 잘 알고 있었다. 순간적으로 하나님께 기도했다. '주님, 제가 오늘 순교하는군요. 그런데 바다가 너무 무서워요. 바다 말고 다른 곳에서 데려가시면 안 될까요?'

하나님은 나를 데려가는 대신 한 시간 동안 폭풍과 씨름하게 하셨다. 폭풍우가 멈추기를 기다렸다가 간신히 배를 정박시킨 다음 무사히 알로르 섬에 들어갔다. 그날 밤 숙소에서 기도하는데 주님께서 이렇게 물어보셨다.

오늘 폭풍 속에서 너를 데리고 왔다면 당당하게 내 앞에 설 수 있었겠니?

선뜻 자신 있게 그럴 수 있다는 대답이 나오지 않았다. 나를 돌아봤다. 선교사가 되기 전에는 주님과의 교제에 집중하며 사역하겠노라 외쳤다. 하지만 막상 선교사가 되고 사역이 많아지면서 바쁘다는 핑계를 댔다. 오히려 하나님과의 교제 시간이 줄어들고 일에만 집중했던 것이다.

주님은 뒷전으로 밀려나고 주님 홀로 받으셔야 하는 영광을 내가 가로챈 셈이다. 내가 섬기는 영혼이 오직 주님만을 보도록 해야 하는데 종종 그들이 하나님 대신 나를 바라보게 했다. 통곡하며 회개했다. 주님만을 위해 일한다고 생각했는데 하나님의 영혼을 사역의 대상으로 삼아 일하고 있었다. 주님께서 나에게 다시 말씀하셨다.

네가 얼마나 많은 사역을 하고 얼마나 많은 교회를 건축하는지 하나도 중요하지 않다. 나는 만군의 여호와야. 내가 마음만 먹으면 그런 일은 언제든지 순식간에 할 수 있단다. 나는 네가 더 중요해.

주님께서 원하시는 건 사역이 아니고 '있는 그대로의 나'라는 것을 깨달았다. 주님께서 나에게서 보고 싶으신 건 '무엇을 하는가what to do'가 아니라 '무엇이 될 것인가what to be'라는 것을, 주님께서 기뻐하시는 건 사역의 크기가 아니고 매 순간 주님 앞에 설 준비가 되어 있는 나라는 걸 비로소 알게 됐다.

우리는 사역의 크기나 종류를 중요하게 생각하곤 한다. 하지만 하나님은 매 순간 우리가 어떤 모습으로 주님 앞에 서 있는지를 더 주목하신다. 주님은 내가 넘어질 때마다 붙잡아 주셨고 지금까지 오게 하셨다. 그리고 끝없이 나를 향해 속삭이신다.

내가 너를 사랑한다, 내가 정말 너를 사랑한다, 너의 어떤 사역보다 너를 사랑한다.

따라가기를 멈출 수 없는 이유

하지만 아직도 내 안에는 나를 드러내고 싶은 욕망, 사람들에게 인정 받고 싶은 욕망, 자랑하고 싶은 욕망이 꿈틀거린다. 성공한 선교사, 유명한 선교사가 되고 싶은 마음이 나를 지배하려고 한다. 나는 죽고 오직 예수 그리스도만 살아야 하는데 육신과 안목의 정욕, 이생의 자랑에 빠져 세상과 타협하고 세상을 사랑하려는 나를 보게 된다.

하지만 주님은 여전히 '그러나 이 모든 일에 우리를 사랑하시는 이로 말미암아 우리가 넉넉히 이기느니라. 내가 확신하노니 사망이나 생명이나 천사들이나 권세자들이나 현재 일이나 장래 일이나 능력이나 높음이나 깊음이나 다른 아무 피조물이라도 우리를 우리

주 그리스도 예수 안에 있는 하나님의 사랑에서 끊을 수 없으리라 롬 8:37-39'고 말씀하신다.

나는 주님 앞에서 아직도 갓난아이기에 모든 걸 뒤로 하고 오직 주님만 따라갈 것이다. 아이가 막 걷기 시작할 때 혹시 넘어질까봐 뒤에서 지켜보는 부모처럼 주님은 늘 위태위태한 나를 지켜보면서 격려해주신다.

내가 좋아하는 인도네시아 찬양 가사가 있다. '우리가 세상에 올 때 가져 온 건 아무것도 없네. 천국에 돌아갈 때 결국 모든 것을 두고 가네. 아버지에게 순종하며 성실했던 종의 마음. 그것만 가지고 가네. 신령과 진정으로 드리는 예배를 향한 마음만 영원토록 가져가네.' 나 역시 이 세상을 떠날 때 오직 주님께 충성하고 주님을 사랑했던 마음만 가져갈 것이다.

아무것도 모르는 나를 이끌어 주시는 그분이 나의 주님이시기에 그분이 이끄는 대로 따라가기를 멈추지 않을 것이다. 주님께서 허락하시는 그 순간까지, 많은 영혼을 주님의 마음으로 섬기며 사랑과 은혜를 전할 것이다. 이것이 내가 '따라가기'를 멈출 수 없는 이유다.

그러나 나의 나 된 것은 하나님의 은혜로 된 것이니 내게 주신 그의
은혜가 헛되지 아니하여 내가 모든 사도보다 더 많이 수고하였으
나 내가 아니요 오직 나와 함께하신 하나님의 은혜로라. 고전 15:10

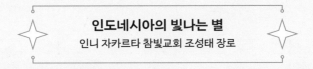

인도네시아의 빛나는 별
인니 자카르타 참빛교회 조성태 장로

1998년, 하나님의 은혜를 사모하던 동역자 10여 명이 매일 심야 기도회에 모였습니다. 당시 모임의 막내가 대학 후배였던 함춘환·김성혜 집사입니다. 모두 순수하고 절실하게 하나님의 은혜를 사모했습니다. 이 기도 모임을 통해 말랑의 UKCW를 인수하게 되었는데 혹시라도 겸손을 잃어버릴까봐 함 집사에게 대학 이사장의 중책을 맡게 했습니다. 대학 사역과 활약을 보며 이 또한 하나님의 계획이었다는 걸 깨달았습니다.

어느 날 심야 기도회를 마치고 밤하늘을 쳐다봤더니 유난히 밝게 빛나는 별 하나가 눈에 들어왔습니다. 따라나온 함 집사에게 저기 빛나는 별이 당신이라고, 당신은 분명 별이 되어 인도네시아를 살리는 복의 통로가 될 것이라고 말해주었습니다.

왜 그렇게 자신 있게 말했는지 모릅니다. 하지만 함 집사는 실제로 별이 되어 숨바의 영적 아버지로, 한센인의 자상한 어머니로, UKCW의 든든한 버팀목으로 인도네시아를 섬기는 주의 종이 되었습니다.

진솔하고 겸손한 그의 기록을 통해 깊은 은혜에 잠기게 될 것을 생각하니 벌써 가슴이 젖어옵니다. 함춘환·감성혜 선교사님은 저에게 자랑이요, 보람이며, 언제나 가슴을 쿵쾅거리게 하는 설렘입니다. 두 분의 건강과 성령 충만을 위해 기도합니다.

아직도 숨바 땅을 여행하고 있습니다

한국 방화동 영신교회 김종훈·김빛나 부부

복음을 전하기 위해 선교사님을 따라 숨바섬에 갔던 2019년 여름, 절대로 멈출 수 없는 여행을 시작했습니다. 앞이 보이지 않을 만큼 모래와 먼지가 가득했던 숨바섬. 먼지가 수북이 쌓인 초콜릿을 먹으며 좋아하던 시각 장애인 소녀, 교회 종소리를 듣고 구름처럼 뛰어오던 맨발의 아이들 그리고 열정을 다해 사역하던 한 쪽 팔이 없는 청년도 자주 생각납니다. 가는 곳마다 베풀어주신 현지 음식이 그립고, 당장이라도 굴러 떨어질 것 같은 낭떠러지를 질주하던 트럭을 탔던 일도 이젠 무용담이 되었습니다.

> 주의 성령이 내게 임하셨으니 이는 가난한 자에게 복음을 전하게 하시려고 내게 기름을 부으시고 나를 보내사 포로 된 자에게 자유를, 눈먼 자에게 다시 보게 함을 전파하며 눌린 자를 자유케 하고 주의 은혜의 해를 전파하게 하려 하심이라 하였더라. 눅 4:18-19

이 말씀은 하나님께서 저에게 주신 평생의 소원입니다. 이 소원을 숨바 땅에서 이루게 하시고 앞으로도 이루실 하나님께 감사드립니다. 숨바섬의 기억을 더듬으며 그 땅을 향해 기도합니다. 숨바 드림팀과 저는 아직도 숨바 땅을 여행하고 있습니다. 함께 눈빛을 나누고 몸을 부대끼며 만났던 영혼과 앞으로 만나게 될 모든 숨바 땅의 영혼을 하나님의 나라에서 꼭 다시 만나기를 소망합니다.

이토록 사랑하게 될 줄 몰랐습니다
한국 오륜교회 신현수 장로

지혜 있는 자는 궁창의 빛과 같이 빛날 것이요 많은 사람을 옳은데로 돌아오게 한 자는 별과 같이 영원토록 비취리라. 단12:3

해마다 인도네시아의 뿔루빤장으로 선교를 가면 그곳에서 누리는 작은 사치가 있습니다. 하나님이 창조하신 밤하늘에 가득한 별을 보며 그분의 위대하심을 느끼는 것입니다. 인도네시아 하늘에 아름답게 빛나는 함춘환 선교사님의 삶처럼 말이죠.

2010년 여름, 단기 의료 선교를 떠날 때까지만 해도 이렇게 오랫동안 인도네시아를 사랑하게 될 줄은 몰랐습니다. 10년 간 여름 휴가를 반납하고 인도네시아 단기 선교팀을 조직하여 온 가족과 함께 의료 선교를 다녀오고, 제가 섬기는 교회에 인도네시아어 예배를 세워 선교사님이 보내신 인도네시아 청년들의 신앙 훈련과 학업을 12년째 돕고 있는 것은 모두 존경하고 사랑하는 함춘환 선교사님 덕분입니다.

선교사님이 걸었던 길을 자격 없는 저도 함께 걸었습니다. 제게는 큰 특권이자 감사의 이유입니다. 부디 선교사님이 오래오래 건강하셔서 하나님이 허락하시는 그날까지 인도네시아의 목마른 영혼을 위해 끝까지 달려가실 수 있기를 응원하며 기도합니다.

십자가를 따라가는 사람
미국 필라안디옥교회 호성기 목사

함춘환 선교사님을 떠올리면 동시에 예수님이 떠오릅니다. 예수님을 따라가는 선교사님의 삶이 저에게는 큰 울림으로 다가옵니다. 가장 낮은 자리에 있는 영혼을 품는 예수님의 사랑이 선교사님의 사역 동력입니다. 한센인 마을을 내 집처럼 왕래하고 입에서 단내가 날 때까지 숨바섬의 산골 마을을 걷고 걸어 복음을 전하고, 그곳에 초등학교를 세우고, 마을에 교회를 세워나간 동력은 예수님의 사랑입니다.

선교사님은 예수님의 열정을 따라가는 사람입니다. 그는 복음 전파, 치유, 제자 양육이라는 3중 사역을 순종으로 감당했습니다. 코로나19로 힘든 상황에서도 매년 수십 명에게 세례를 주고 그들을 그리스도의 제자로 양육한 것은 영혼을 구원하기 위한 열정 덕분이었습니다.

선교사님은 예수님의 십자가를 따라가는 사람입니다. 항상 성령의 능력으로 자신을 쳐서 복종시키며, 주님보다 앞서지 않고 주님께 순종하며 오직 주님께 영광을 돌리는 사람입니다. 선교사님에게는 '사는 것이 그리스도니 죽는 것도 유익함'빌 1:21이 되었습니다. 이 책은 코로나19로 침체된 우리의 삶에 예수님의 사랑과 열정과 십자가를 회복케 할 것입니다.

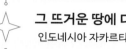

그 뜨거운 땅에 다시 가고 싶습니다
인도네시아 자카르타 참빛교회 박혜선 권사

인도네시아에서 꽤 오랜 세월을 살았지만 숨바섬에 대해 들어 본 적은 없었습니다. 2013년 오륜교회가 숨바에 의료 선교를 올 때 선교사님이 저를 초대해 주셨습니다. 오륜교회의 단기 선교팀은 하나님이 주신 감동이었습니다. 초등학생부터 대학생, 청·장년, 각 분야의 전문의와 간호사 그리고 목사님까지 단기 선교사 60여 명이 모였습니다. 1년에 한 번뿐인 휴가를 반납하고 자비로 오직 복음을 전하기 위해 숨바까지 날아온 그들이 너무나 귀했고 감사했습니다. 그들은 제가 숨바에 가지 않았다면 도저히 만날 수 없었을, 예수님의 아름다운 제자입니다.

열악한 숙소에서도 선교사님이 아침마다 부어 주시는 말씀으로 우리의 영혼은 뜨거웠습니다. 사역지로 이동할 때마다 탔던 비좁은 트럭은 불편했지만 찬양과 웃음으로 가득했습니다. 아파도 병원에 갈 수 없는 수많은 사람들을 치료하고 위로하고 기도하고 축복하며 우리의 손과 발과 입술이 하나님의 사랑을 실천하는 축복의 도구가 되었습니다. 세상과 단절된 그들에게 오륜교회의 공연은 하나님이 보내주신 예술 사절단이었습니다. 하나님은 산속 구석구석에 교회도 세워 주셨습니다. 맨발로 산길을 다니며 숨바의 영혼을 섬기는 현지 사역자의 발을 일일이 씻겨주며 예배당이 눈물 바다가 된 순간도 생각납니다.

하나님이 이토록 사랑하시는 숨바, 그 땅에 다시 가고 싶습니다. 하나님이 부르셨고 그에 순종해 묵묵히 지금까지 숨바를 섬기는 함춘환·김성혜 선교사님을 축복합니다.

아직도 복음을 모르는 땅이 있습니다
천안 온누리비전교회 김미선 전도사

2009년 말랑 UKCW를 위한 후원 음악회에서 선교사님을 처음 만났습니다. 선교사님의 선교 편지를 통해 숨바 사역에 대해 알게 되면서 숨바에 대한 마음을 품게 되었습니다. 2013년부터는 6년 연속으로 숨바 단기 선교까지 다녀왔습니다. 숨바에서 복음이 전파되는 반경이 점점 넓어지고 교회가 개척되는 과정을 보며 하나님이 일하신다는 걸 느꼈습니다.

사람들은 아직도 복음이 전해지지 않은 땅과 영혼이 있다는 사실을 잘 알지 못합니다. 숨바는 지도에도 표시되지 않는 오지입니다. 어느 산에 어느 마을이 존재하는지 인근 마을 사람들 외에는 모릅니다. 새로운 마을에 복음이 전해졌다는 소식을 들을 때마다 떠오르는 말씀이 있습니다.

> 그런즉 저희가 믿지 아니하는 이를 어찌 부르리요 듣지도 못한 이를 어찌 믿으리요 전파하는 자가 없이 어찌 들으리요 보내심을 받지 아니하였으면 어찌 전파하리요 기록된바 아름답도다 좋은 소식을 전하는 자들의 발이여 함과 같으니라. 롬 10:14-15

이 책을 읽는 모든 사람들에게 잃어버린 영혼을 향한 하나님의 마음과 숨바섬을 향한 마음이 싹트기를 기도합니다. 선교사님 부부와 아놀드 목사님을 포함한 사역자들에게 하나님의 강력한 은혜와 능력과 사랑이 늘 채워지길 기도합니다.

함춘환 선교사님은 숨바섬의 영적인 개척자입니다. UKCW에서 다른 직원과 함께 일하시고, 한센인 동네를 찾아가 기도하시고, 숨바 영혼을 보며 가슴 아파 우시던 선교사님의 모습이 떠오릅니다. 선교사님은 쌀 포대를 지고 숨바 산길을 걸었고 한센인의 두 손을 붙잡고 하늘 아버지의 은혜를 간구했습니다. 세상에 나가보지 못한 이들을 위해 소풍을 기획했고 학생을 위해 장학금을 마련하셨습니다. 타지에서 온 청년 중 더러는 신학을 공부했고, 더러는 기도하고 후원하며 본인의 교회를 섬겼습니다. 선교사님은 하나님과 동행하는 표본이 됐습니다.

선교사님은 10여 년 동안 끊임없이 기도하고 공부하며 사역의 깊이와 넓이를 확장하는 성실한 일꾼입니다. 선교사님이 어려운 고비마다 기도와 헌신으로 하나씩 극복하시는 모습을 가까이에서 목격했습니다. 저에겐 이것이 하나님의 큰 가르침입니다.

진리가 하나인 것처럼 우리의 푯대도 한 곳입니다. 저도 푯대를 정비하며 선교사님처럼 꾸준히 성장하는 하나님의 일꾼이 되고 싶습니다. 갈수록 울보가 되는 선교사님의 눈가가 더 이상 짓무르지 않기를 바랍니다.

숨바섬 선교는 내 인생의 보물

한국 오륜교회 김영숙 권사

휴가를 반납하고 복음에 빚진 자의 마음으로 숨바섬을 다닌지 10년째입니다. 숨바섬의 경치는 아름다웠고 사람들의 환대도 대단했지만 의료 환경은 최악이었습니다. 한국에선 손쉽게 치료받을 수 있는 상처를 방치해 병세가 악화된 환자가 많았습니다. 열악한 화장실, 샤워하지 못하는 괴로움 등 편리한 도시 생활과 비교하면 모든 것이 불편했지만 저의 재능으로 이들을 도울 수 있어서 기뻤습니다. 많은 교인의 의료 봉사로 숨바섬은 기쁨과 사랑으로 물들었고 우리는 모든 곳에 존재하는 살아계신 하나님을 절실히 느낄 수 있었습니다.

헤어짐의 아쉬움은 생각보다 진해서 한국에서 바쁘게 병원 생활을 하다가도 문득 숨바섬이 생각나곤 합니다. 선교사님과 함께 했던 숨바 사역은 주님께서 제게 주신 인생의 보물입니다. 주님의 뜻이 하늘에서처럼 숨바에서도 반드시 이루어지길 바랍니다.

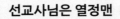

선교사님은 열정맨
한국 사랑의교회 조현정 자매

저는 단기 선교를 통해 숨바섬을 알게 됐습니다. 그곳에서 하나님의 복음을 전하는 선교사님 부부를 만난 것은 너무나 행복하고 귀한 일이었습니다. 선교사님과 함께 현지의 아름다운 교회를 방문했던 여정은 하나님의 은혜 그 자체였습니다.

현지 목사님을 섬기면서 교육하고 목회 세미나도 하는 선교사님은 엄청난 체력왕, 열정맨인 것이 분명합니다. 우리는 숨바섬에서 드라마 공연, 워십, 찬양을 하며 현지 교인들과 예배를 드렸습니다. 선교사님은 교인들이 좋아하면 열 번이고 스무 번이고 율동하면서 예배를 인도하셨습니다. 덕분에 인도네시아 단기 선교는 갈 때마다 새롭고 은혜가 충만합니다. 저도 선교사님 부부의 헌신적인 모습을 본받고 싶습니다. 두 분처럼 우리 가정에서도 섬김과 나눔이 있길 기도합니다.

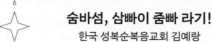

숨바섬, 삼빠이 줌빠 라기!
한국 성복순복음교회 김예랑

숨바섬을 생각하면 10년 전인데도 아직도 생생히 떠오르는 말이 있습니다. '또 만나요'라는 뜻의 인도네시아 인사말 '삼빠이 줌빠 라기'입니다. 도시에서 작은 비행기를 타고 가야 보이는 작고 아름다운 섬, 숨바. 우리는 빨간 트럭에 빼곡히 붙어 앉은 채 영화 《반지의 제왕》에 나올 것 같은 산등성이 길을 따라 굽이굽이 덜컹대며 오지 마을로 들어갔습니다.

숨바 사람들은 끼니를 챙기기 어려울 만큼 가난하지만 우리에게 음식을 아낌없이 내어 주었습니다. 선교사님이 남기지 말고 맛있게 먹어달라고 하셔서 긴장하며 한 술 떴는데 너무 맛있어서 놀랐습니다. 맑은 닭곰탕 같았는데 지금도 그 맛이 혀 끝에 생생합니다.

조금만 걸어도 옷이 다 젖을 만큼 습하고 더웠지만 에어컨이나 선풍기는 사치였습니다. 창문 역할을 하는 구멍만 덩그러니 뚫려 있던 집과 교회도 생각납니다. 뭐 하나 제대로 갖춰진 것이 없었지만 숨바섬 사람들은 제가 본 사람들 중에 가장 행복하게 찬양하고 온 힘을 다해 율동했습니다. 별이 쏟아지던 그곳의 밤하늘은 여느 한류 스타의 공연장보다 완벽했습니다.

숨바 사람들을 향한 마음은 삽시간에 커져 그들과 조금이라도 더 소통하고 싶은 마음에 인도네시아어를 묻고 또 물었습니다. 눈을 마주보며 음식이 맛있다고 하면 그들은 오히려 더 고마워했고, 아이들에게 인도네시아어로 인사를 건네면 재밌고 신기하다는 듯 함박웃음을 지어주었습니다. 우리는 옷이 땀에 푹 젖을 만큼 행복하게 뛰며 예배했고 밥을 더 먹으라는 미소에 한 그릇을 더 뚝딱 먹었습니다. 우리가 떠나던 날, 맑고 까만 눈을 가진 아이들이 먼지를 날리며 떠나는 트럭을 쫓아오면서 마구 손을 흔들었습니다. 우리도 아이들이 점이 되어 보이지 않을 때까지 손을 흔들며 크게 외쳤습니다. "삼빠이 줌빠 라기!"

이상할 만큼 눈물이 멈추질 않았습니다. 일주일도 안 되는 시간 동안 저는 숨바섬과 사랑에 빠져버렸습니다. 아이 셋의 엄마가 되면서 그동안 숨바섬에 가지 못했지만 코로나19가 어서 끝나고 세 아이가 2시간 이상 산길을 걸을 수 있게 되면 이제는 제법 컸을 숨바 아이들을 만나러 가고 싶습니다. 얘들아, 그때 우리 꼭 다시 만나자. "삼빠이 줌빠 라기!"